Educação e competências:
pontos e contrapontos

Dados Internacionais de Catalogação na Publicação (CIP)
(Câmara Brasileira do Livro, SP, Brasil)

Rué, Joan
   Educação e competências : pontos e contrapontos / Joan Rué, Maria Isabel de Almeida ; Valéria Amorim Arantes (org.) . — São Paulo : Summus, 2009. — (Coleção pontos e contrapontos)

   Bibliografia.
   ISBN 978-85-323-0650-0

   1. Educação baseada em competência 2. Inovações educacionais 3. Pedagogia 4. Professores - Formação profissional I. Almeida, Maria Isabel de. II. Arantes, Valéria Amorim. III. Título. IV. Série.

09-09427   CDD-370.71

Índices para catálogo sistemático:

1. Professores : Formação profissional : Educação 370.71

Compre em lugar de fotocopiar.
Cada real que você dá por um livro recompensa seus autores
e os convida a produzir mais sobre o tema;
incentiva seus editores a encomendar, traduzir e publicar
outras obras sobre o assunto;
e paga aos livreiros por estocar e levar até você livros
para a sua informação e o seu entretenimento.
Cada real que você dá pela fotocópia não autorizada de um livro
financia um crime
e ajuda a matar a produção intelectual em todo o mundo.

Educação e competências: pontos e contrapontos

Joan Rué
Maria Isabel de Almeida

Valéria Amorim Arantes
(org.)

summus editorial

EDUCAÇÃO E COMPETÊNCIAS: PONTOS E CONTRAPONTOS
Copyright © 2009 by Joan Rué,
Maria Isabel de Almeida e Valéria Amorim Arantes
Direitos desta edição reservados para Summus Editorial

Editora executiva: **Soraia Bini Cury**

Editoras assistentes: **Bibiana Leme e Andressa Bezerra**

Capa: **Ana Lima**

Coordenação editorial: **Carlos Tranjan (Página Viva)**

Tradução dos textos em espanhol: **Óscar Curros**

Preparação de texto: **Francisco José Couto**

Revisão: **Fátima Couto**

Projeto gráfico e diagramação: **José Rodolfo de Seixas**

Summus Editorial

Departamento editorial
Rua Itapicuru, 613 – 7º andar
05006-000 – São Paulo – SP
Fone: (11) 3872-3322
Fax: (11) 3872-7476
http://www.summus.com.br
e-mail: summus@summus.com.br

Atendimento ao consumidor
Summus Editorial
Fone: (11) 3865-9890

Vendas por atacado
Fone: (11) 3873-8638
Fax: (11) 3873-7085
e-mail: vendas@summus.com.br

Impresso no Brasil

Sumário

Apresentação – *Valéria Amorim Arantes* **7**

PARTE I – Educação e competências **13**
Joan Rué
Maria Isabel de Almeida

A formação por meio de competências: possibilidades,
limites e recursos – *Joan Rué*
Introdução **15**
A introdução do conceito de competência na escola **17**
Compreender o conceito com base na perspectiva atual **20**
Razões que justificam a atualidade do enfoque por
meio de competências **27**
Principais mal-entendidos associados a uma formação
baseada nas competências **30**
Introduzir a noção de competências na educação formal **47**
As competências na sala de aula: a atividade como eixo
do seu desenvolvimento **52**
Avaliar as competências propostas **58**
Epílogo **67**

Glossário de termos relacionados com o conceito de competências **68**

Referências bibliográficas **74**

Professores e competência: revelando a qualidade do trabalho docente – *Maria Isabel de Almeida*

Introdução **77**

O surgimento da noção de desenvolvimento por competências e suas implicações no contexto atual **80**

A noção de desenvolvimento de competências no campo da educação **84**

A problemática da noção de competências **94**

Por onde anda o entendimento a respeito das competências? ... **101**

A competência profissional do professor **109**

Referências bibliográficas **119**

PARTE II – Pontuando e contrapondo **123**

Joan Rué
Maria Isabel de Almeida

PARTE III – Entre pontos e contrapontos **145**

Joan Rué
Maria Isabel de Almeida
Valéria Amorim Arantes

Apresentação

Valéria Amorim Arantes[1]

> *"Ensinar competências implica saber intervir em situações reais que, por serem reais, são sempre complexas."*
>
> Antoni Zabala e Laia Arnau[2]

A despeito das inúmeras definições – elaboradas por diferentes autores e instâncias internacionais –, bem como das infinitas controvérsias em torno do conceito de "competências", o fato é que, no âmbito educativo, ele ocupa cada vez mais espaço. Fruto das críticas ao chamado ensino tradicional ou apenas um modismo? Afinal, o ensino por competências representa ou não um avanço em relação aos modelos educativos existentes?

De um modo ou de outro, a introdução do conceito de com-

---

1. Docente de graduação e pós-graduação da Faculdade de Educação da Universidade de São Paulo.
2. Zabala, A.; Arnau, L. *Once ideas clave: cómo aprender y enseñar competencias*. Barcelona: Graó, 2007, p. 131.

petências na educação – que rapidamente se alastrou – oferece-nos uma oportunidade para refletir e aprofundar um processo de mudança necessário para a melhoria do sistema de ensino brasileiro.

Se admitirmos que a afirmação de Zabala e Arnau, na epígrafe, está correta, o conceito de "competências" sinaliza, no mínimo, a necessidade de tomar as situações reais (e, portanto, complexas) como objeto prioritário do ensino. Dito de outra forma, se para resolvermos problemas e conflitos da vida diária nos é exigido um pensamento complexo, o ensino deve visar a formação para tal complexidade. O ensino deve, pois, basear-se na análise de múltiplas e diversas situações e na sistematização das diferentes fases que constituem uma ação competente com base no pensamento complexo. E isso pressupõe romper com a simplificação que está posta na estrutura curricular tradicional – na qual as disciplinas estão isoladas em campos teóricos cada vez mais segmentados – e reinventar uma escola que aborde a realidade em toda a sua complexidade.

Mas como deve ser o modelo de competências baseado na complexidade? Como implantá-lo na instituição escolar? Como deve ser a formação de professores para esse modelo de ensino? E o conhecimento? Qual o seu lugar num ensino por competências? E qual o lugar daqueles conhecimentos que não apresentam relações estritas com as competências? Como deve ser o sistema de avaliação? Essas e muitas outras questões são tratadas ao longo da obra que ora lhes apresento.

Educação e competências é o sétimo livro da coleção Pontos e Contrapontos. Sua organização segue a proposta editorial da referida coleção, visando a promoção de um debate acadêmico e

EDUCAÇÃO E COMPETÊNCIAS: PONTOS E CONTRAPONTOS

científico sobre temas educacionais candentes: cada livro é construído em três etapas diferentes e complementares.

A primeira delas, correspondente à Parte I, é composta por artigos originais de autores e especialistas convidados para debater sobre a temática em questão. Para tanto, foi solicitado a cada um que produzisse um texto apresentando e sustentando seu ponto de vista sobre o tema da obra.

Para essa etapa, Joan Rué, professor catedrático da Faculdade de Educação da Universidade Autônoma de Barcelona, produziu um texto no qual faz, inicialmente, uma análise histórica sobre o conceito de competência no campo educacional. Na sequência, promove uma discussão sobre o referido conceito na atualidade, apresentando as razões que o justificam, bem como aqueles mal-entendidos que foram criados ao seu redor. A seguir, o autor nos brinda com algumas orientações para a implantação da noção de competências na educação formal, apresentando-nos elementos importantes para reflexão e, mais ainda, oferecendo-nos um exemplo bastante didático de como fazê-lo. Tal exemplo inclui um item específico sobre como avaliar as competências trabalhadas na escola. O epílogo traz uma síntese que, a meu ver, não só orienta como também encoraja os profissionais da educação a enveredar por esse modelo de ensino. Vale ressaltar que Joan teve o cuidado de, no final de seu texto, elaborar um glossário no qual apresenta termos recorrentes quando se trata de competências no campo educacional: *conhecimentos, habilidades, capacidades, procedimentos, atitudes, capacitação, competências transversais, competências-chave* etc.

Maria Isabel de Almeida, professora da Faculdade de Educação da Universidade de São Paulo, optou, nessa primeira parte, por discorrer sobre os diversos significados e usos da noção de competência, bem como por problematizar os modos como as políticas educacionais a têm incorporado. Assim, faz uma análise cuidadosa de seu surgimento e de suas implicações no contexto atual, para depois entrar no campo da educação, refletindo sobre como a referida noção foi apropriada para as reformas educativas brasileiras. A seguir, a autora dedica algumas páginas à seguinte questão: *Como a noção de competências impacta os papéis e modos de ação social pedagogicamente instituídos?* Para concluir, Maria Isabel discorre sobre a figura do *professor competente,* problematizando desde sua formação até suas ações.

A segunda etapa do trabalho, cujo produto compõe a Parte II da obra, consistiu em que cada um dos autores, após leitura e análise crítica do texto de seu parceiro de diálogo, elaborasse quatro questões contemplando suas eventuais dúvidas e/ou discordâncias a respeito das ideias nele contidas. De posse de tais questões, era o momento de o autor esclarecer, explicar, defender, demarcar, rever, repensar e/ou reconsiderar seu texto, com o objetivo claro de pontuar suas ideias e/ou contrapor as colocações de seu interlocutor.

Nessa segunda parte do livro – "Pontuando e contrapondo" –, entre outras questões, Joan sugere a Maria Isabel que analise a suposta relação de dependência que parece estar instalada entre a instituição escolar e as demandas sociais; concorda com suas críticas apresentadas às políticas públicas do sistema educacional brasileiro, mas solicita a ela que indique caminhos para promover mudanças; incita-a a pensar num modelo ideal de formação de professores e em como promover um modelo de competências baseado na complexidade do ato de conhecer. Maria Isabel, por sua vez, desafia Joan quando coloca em causa a relação entre conhecimento e competência, e questiona até que ponto ela não favoreceria as perspectivas prevalecentes – e injustas – na sociedade contemporânea; questiona-o sobre a pertinência de a noção de competência ser assumida por um ou alguns dos professores de uma escola (e não coletivamente); pede a ele que apresente uma proposta de transição dos modos atuais de atuação para um novo modo de organização das práticas docentes; e, de forma instigante, questiona-o sobre uma suposta composição entre as práticas e saberes docentes já consolidados e as proposições do ensino por competências.

A terceira e última etapa do trabalho é composta por quatro questões por mim elaboradas – como coordenadora da coleção e mediadora do diálogo – e comuns para os dois autores. Tais questões têm por objetivo retomar pontos convergentes e divergentes do diálogo estabelecido, bem como acrescentar a ele novos conceitos, a fim de enriquecer as discussões feitas até aquele momento. Elas compõem, juntamente com as respostas dos autores, a Parte III da obra: "Entre pontos e contrapontos".

Para essa terceira e última parte, a primeira questão que apresentei aos autores evoca uma discussão de natureza epistemológica: solicitei-lhes que aprofundassem a discussão sobre como a introdução do termo "competências" favorece ou não uma mudança de cunho epistemológico no processo de ensino e aprendizagem. Na segunda questão, retomando a polêmica sobre a intrínseca relação entre competência e conhecimento, incito-os a pensar até que ponto um ensino por competências nega os conhecimentos ou relega-os a segundo plano. Na terceira questão, pergunto-lhes especificamente quais são os instrumentos de avaliação num ensino por competências e peço-lhes uma análise da aproximação de dois conceitos: *ensino por competências* e *aprendizagem baseada em problemas*. Finalmente, na quarta e última questão, retomo a problemática da formação de professores e solicito que eles apresentem uma proposta para tal formação, visando um ensino por competências.

Além de defender uma determinada visão sobre o conceito de competências no campo da educação, este livro tem como propósito lançar novas luzes sobre esse debate, permitindo vislumbrar novas perspectivas para a melhoria da qualidade do ensino brasileiro. Melhorias que favoreçam o pensamento complexo das próximas gerações.

PARTE I
Educação e competências

Joan Rué
Maria Isabel de Almeida

A formação por meio de competências: possibilidades, limites e recursos

Joan Rué

Introdução

Na história da educação, são frequentes os momentos em que se reivindicam viradas ou mudanças no enfoque do ensino. Algumas dessas mudanças focam os alunos não apenas como sujeitos do ensino, mas também como pessoas com interesses próprios, indivíduos que crescem e se desenvolvem por meio da atuação e do pensamento, na ação de aprender.

No princípio do século XX, essa virada foi reivindicada, de um modo ou de outro, por pedagogos como o belga Ovide Decroly, com a ideia do aprendizado por meio de "projetos", ou o estadunidense John Dewey, com a proposta sintetizada no conhecido lema "aprender fazendo". A partir dos anos 1930, na França, Célestin Freinet desenvolveu o conceito de escola-oficina. De 1970 em diante, Paulo Freire promoveu, no Brasil, uma formação baseada nos problemas e necessidades dos sujeitos e da comunidade. Todos esses educadores, cada um à sua maneira, inspiraram e representaram os docentes que propunham desenvolver nos alunos o que Philippe Perrenoud denominou uma "relação pragmática" com o saber.

A ideia da *atividade* e da *aprendizagem ativa* em pedagogia surge de uma dupla crítica. Na Europa do início do século XX, origina-se da crítica a uma escola burocratizada nos conteúdos e nas metodologias, pouco funcional com relação às necessidades dos grupos sociais e culturais emergentes na nova sociedade da Era Industrial; porém, também aparece como superação das primeiras teorias da aprendizagem, baseada na grande intuição de que esta realiza e *constrói* o indivíduo por meio do que ele faz e do que ela lhe propõe que seja feito. Mais tarde, os grandes psicólogos do século XX Jean Piaget, Lev S. Vygotsky, Jerome Bruner e David Ausubel, entre outros, contribuíram com elementos fundamentais para a teoria do construtivismo na aprendizagem. Essa teoria orienta e agrega sentido à prática do ensino baseado no princípio da *atividade* do sujeito, sendo tal atividade entendida como o motor para o desenvolvimento daquele que aprende.

A pedagogia que propõe assumir a prática do ensino e da aprendizagem com base no conceito de *competências* aspira a inscrever-se nessa grande corrente psicopedagógica, uma vez que prioriza um desenvolvimento pessoal contextualizado no âmbito da *ação* de aprender, e não em programas de conhecimento padronizados e descontextualizados com relação à percepção da realidade e ao potencial de ação de todo aprendiz.

Em consequência, a introdução do conceito de competências no campo educacional não se deve somente ao poder de determinadas ideias e práticas psicopedagógicas, mas também à mudança do paradigma no qual o mundo se encontra imerso: do modelo da sociedade industrial até o da sociedade do conhecimento, na mesma lógica que historicamente ocorreu e ocorre entre a educação e o sistema social e produtivo.

A introdução do conceito de competência na escola[1]

Entre a década de 1990 e os primeiros anos do século XXI, a noção de competências foi se estendendo e conquistando terreno inclusive nas propostas de formação universitária.

O estadunidense Jerome Bruner, um dos maiores psicólogos educacionais do século XX, foi pioneiro em resgatar esse conceito e lhe dar um sentido profundamente educacional (1979, p. 89). No entanto, a incorporação do "novo" conceito ao sistema educacional e ao vocabulário dos professores foi mediada por assessores de organismos internacionais, como a Organização para a Cooperação e o Desenvolvimento Econômico (OCDE), e por autoridades políticas e administrativas, que o incorporaram aos textos legais e às instruções para os docentes, o que o tornou suspeito a estes últimos. Esse pro-

---

[1]. Digo "escola" porque esse é um conceito utilizado há muito tempo no mundo da formação ocupacional formal e nas empresas.

blema, porém, não foi o único que tal ideia precisou enfrentar para conquistar o interesse pedagógico, conforme veremos mais adiante.

Então, por que diversas autoridades educativas, inclusive a própria OCDE[2] e uma importante corrente psicopedagógica[3], propunham introduzir a noção de competência na formação oferecida pelas instituições de educação formal, as escolas e universidades? É a conjunção de três grandes fatores que, em minha opinião, pode explicar a entrada das *competências* no cenário educativo e nas normas curriculares de países distintos.

A constatação de que a escola produziu índices de abandono ou fracasso, entre os alunos, não compatíveis com as necessidades da emergente sociedade do conhecimento seria um dos argumentos para começar a pensar que, talvez, as coisas pudessem ser de outra maneira com enfoques de ensino e aprendizagem diferentes. O segundo argumento é a tentativa de reequilibrar as duas grandes funções da escola: formar pessoas para que possam desenvolver

---

2. O célebre Relatório Pisa (Programa Internacional de Avaliação de Alunos) é elaborado com base em provas de conhecimento que incorporam o conceito de "competência". Na verdade, são provas que avaliam mais a competência matemática ou linguística do que o "conhecimento em matemática ou em língua", para comentá-lo rapidamente.

3. Muitos autores desenvolveram esse aspecto: REY, B. "Que leur restera-t-il quand ils auront tout oublié?". In: Romian, H. (org.). *Pour une culture commune. De la maternelle à l'université* (Paris: Hachette Education, 2000), p. 219-20; Rey, B.; Carette, V.; Kahn, S. *Lignes directrices pour la construction d'outils d'évaluation relatifs aux socles de compétences* (Bruxelles: Université Libre de Bruxelles, 2002); Roegiers, X. *L'école et l'évaluation. Des situations pour évaluer les compétences des élèves* (Bruxelles: De Boeck, 2004); Perrenoud, P. *Construire des compétences des l'école*, 2. ed. (Paris: ESF, 1998).

sua própria liberdade; ir além da capacitação nos programas escolares, baseados em disciplinas acadêmicas, proporcionando uma funcionalidade social e produtiva a essa formação. Nesse contexto, estão misturados o desejo de uma formação pessoal mais ampla dos sujeitos e o de uma lógica funcionalista para a escola, a fim de ambos se adequarem ao mundo trabalhista, visto que a escola não é um subsistema social e cultural completamente autônomo. Finalmente, tem influência também o reconhecimento do fato de que as diversas ocupações profissionais estão se tornando muito variáveis, cada vez mais complexas, sendo preciso haver uma formação centrada nas pessoas, em seu modo de fazer e agir.

Essa proposta traz novamente à tona o debate proposto por Montesquieu, entre "uma cabeça bem cheia e uma cabeça bem formada". E a pedagogia das competências parece se inclinar para a segunda opção. Nesse sentido, as competências, com relação aos objetivos individuais e sociais, refletem-se como expresso na tabela abaixo:

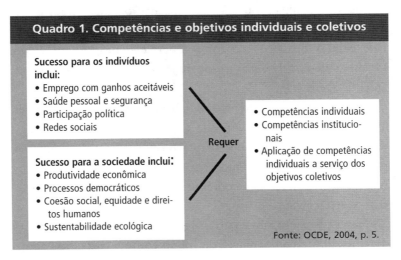

VALÉRIA AMORIM ARANTES (ORG.)

Compreender o conceito com base na perspectiva atual

A noção de competência tende a substituir a noção de capacitação, afirma um dos principais autores que trabalharam para difundir a versão atualizada do conceito, o belga Le Boterf (2001, p. 15--9). Por *capacitação* se entende a formação reconhecida de alguém para desempenhar um trabalho, em função dos requisitos deste. Por trás da ideia de capacitação, existe uma ideia instrumental de pessoa. Em troca, por trás da ideia de competência, a finalidade é a formação da própria pessoa, entendida como projeto pessoal, social, profissional e cívico-político.

Essa mudança conceitual representa uma guinada copérnica na concepção da formação. De fato, a capacitação acontece e é reconhecida. O professor, por meio do ensino, capacita o aluno para uma finalidade externa; e alguém, fora do cenário educativo, decide se reconhece ou não tal capacitação. Em contrapartida, toda competência se desenvolve no próprio indivíduo e com base nele. A finalidade da competência é o próprio indivíduo. O aluno desenvolve suas competências *no próprio* processo de aprendizagem.

A noção de competência, já afirmava White (*apud* Bruner, 1979), remete-nos a alguém que é capaz, que sabe, tem capacidade reconhecida para enfrentar determinado tipo de situação, possui certo grau de domínio, de habilidades e recursos – bem como certo grau de consciência com relação a esse domínio, poderíamos acrescentar.

Nessa afirmação, observamos algumas características relevantes do conceito de competência, do modo como é entendido aqui:

- *Está vinculado à ideia de ação.* A competência é adquirida na ação, por meio da ativação do conhecimento que já se possui e daquele potencialmente necessário. Nesse sentido, inclui as seguintes noções: captar, pensar, explorar, movimentar-se, perceber e atender, formular, manipular e introduzir mudanças que permitam realizar uma interação competente em determinado meio.

- *Envolve o aprendiz.* Desenvolver uma competência significa integrar em uma mesma ação do sujeito as diversas dimensões de sua forma de saber e de seu saber fazer. E também de seu saber estar. É possível, porém, aprender a saber, a saber fazer e a estar. Por esse motivo, o conceito envolve a pessoa como é e como pode ser: com suas intenções, seus valores e suas atitudes, suas capacidades, seus conhecimentos e suas destrezas de todo tipo.

- *É desenvolvido e expresso por meio de situações e problemas contextualizados.* A competência é um tipo de conhecimento desenvolvido e adquirido em um meio ou contexto dado. Só se aprende a captar, pensar, explorar etc. fazendo. Em outras palavras, destaca-se a necessidade de *aprender* com base na funcionalidade que os aprendizados propostos têm para o aluno.

- *Introduz um princípio de autorregulação e de melhora.* A própria ação contribui com certo grau de autocontrole sobre o desenvolvimento da competência. No decorrer da ação, o indivíduo pode perceber até certo ponto se o que faz está tendo um resultado mais ou menos eficaz, se atinge ou não seu objetivo, se o procedimento é mais ou menos adequado. Isso sem depender sempre de uma evolução ou de uma regulação externa por parte do professor, por exemplo.

* *Envolve o exercício contínuo e o domínio das habilidades componentes da competência.* Não é algo que se desenvolva "de uma só vez". Observar, pensar, compreender, formular propostas etc. são coisas aprendidas progressivamente.

Do ponto de vista da ação, as competências incluem todos os pré-requisitos cognitivos, motivacionais e sociais para uma aprendizagem significativa. Os diversos modelos de competências empregados costumam incluir referenciais como:

* as generalidades para a resolução de problemas;
* as habilidades para o pensamento crítico;
* o conhecimento relativo a aspectos tanto gerais quanto específicos;
* uma autoconfiança realista e positiva;
* as competências sociais (Winterton, Delamare-Le Deist e Stringfellow, 2005, p. 33).

Nesse sentido, está abrindo passagem e sendo ampliado um conjunto de concepções comuns relacionadas com a noção de competências, e o consenso sobre elas está sendo afiançado entre os especialistas. As concepções que atingem maior consenso são aquelas segundo as quais as competências:

* são de natureza complexa e incorporam simultaneamente conhecimentos, atitudes e habilidades, sem ser confundidas com nenhuma delas em particular;
* estão relacionadas com a conduta dos sujeitos e são suscetíveis de ser aprendidas;

- são concebidas em termos dinâmicos, isto é, evoluem com a atividade e com a aprendizagem;
- são aprendidas e desenvolvidas com base em contextos (de experiência e de aprendizagem);
- vão muito além das habilidades cognitivas e motoras (devido à concepção complexa destas);
- envolvem um tipo de conduta duradoura ao longo do tempo;
- estão relacionadas com os níveis superiores de atuação profissional ou ocupacional e são consideradas como generalizáveis entre diversas situações, sendo básicas aquelas que podem ser mais independentes dos contextos;
- nem sempre são facilmente avaliadas, em especial nos níveis de atuação elevados, motivo pelo qual devem ser empregados diversos procedimentos e modalidades para fazê-lo (Winterton, Delamare-Le Deist e Stringfellow, 2005; Eraut, 1994).

No entanto, é necessário levar em consideração também o consenso majoritário sobre tudo que não faz parte de uma competência. Há autores que ainda defendem que *predisposições* individuais, como as atitudes, o interesse, a motivação etc., não fazem parte das dimensões constitutivas de uma competência. O consenso existente sobre a definição de competência exclui disposições individuais prévias, como as capacidades individuais, afirmam Winterton, Delamare-Le Deist e Stringfellow (2005). Em outras palavras, as competências são desenvolvidas e transformadas, não são *capacidades* dos indivíduos.

Assim, já começamos a ter um razoável consenso sobre esse conceito. O projeto DeSeCo (Definition and Selection of Competencies: Theoretical and Conceptual Foundations) (OCDE,

2005, p. 3) introduz um enfoque inovador de "competência" na formação, uma vez que considera a capacidade dos estudantes de analisar, raciocinar e se comunicar efetivamente conforme se apresentam, resolvem e interpretam problemas em diferentes áreas:

> Uma competência é mais que conhecimentos e destrezas. Envolve a habilidade de enfrentar demandas complexas, apoiando-se em recursos psicossociais (que incluem destrezas e atitudes) em um contexto particular e mobilizando-os. Por exemplo, a habilidade de se comunicar efetivamente é uma competência que pode se apoiar no conhecimento que um indivíduo tem da linguagem, em destrezas práticas em tecnologia e informação e em atitudes para com as pessoas com as quais se comunica.

Na mesma linha, a Direção Geral de Educação e Cultura da Comissão Europeia (Comisión Europea, 2004, p. 4, 7) aponta a seguinte proposta de definição:

> Considera-se que o termo "competência" se refira a uma combinação de destrezas, conhecimentos, aptidões e atitudes, e à inclusão da disposição para aprender, além do saber como. [...] As competências-chave representam um pacote multifuncional e transferível de conhecimentos, destrezas e atitudes de que todos os indivíduos necessitam para sua realização e desenvolvimento pessoal, inclusão e emprego.

Entrando já nos diversos tipos de competência e em como rotulá-las ou defini-las, neste texto é preferível o conceito de *competência* ao de *destreza*, e o de *competência-chave* ao de *destreza básica*. A noção de *competência básica* é considerada muito restritiva, pois era utilizada geralmente para se referir à alfabetização, à alfabetização numérica básica e ao que se conhece de forma genérica como *habilidades práticas para a vida*. Por outro lado, a noção de *competência-chave* responde a determinado consenso sobre o que pode ser fundamental, hoje, para a formação de todos os cidadãos.

Em síntese, o conceito de competência carrega consigo a necessidade de adoção de um enfoque ativo da formação, uma orientação que coloque o indivíduo no centro da ação educativa e o mobilize (em sua afetividade, seu interesse, sua capacidade de compreensão e de pensamento) com relação à forma de propor, abordar e resolver determinada ação. Nesse sentido, seria possível dizer que competência é a forma como uma pessoa expressa o conjunto do próprio conhecimento em uma situação concreta.

Como vimos anteriormente, esse enfoque, como qualquer outro em educação, é baseado numa ideia acerca de que tipo de pessoa se deseja formar. Philippe Meirieu propõe isso claramente por meio de sua definição de competência (Denyer, 2007, p. 31). Trata-se de formar pessoas que "aprendam a fazer o que não sabem, fazendo". O quadro 2 (p. 26) apresenta algumas diferenças conceituais entre o enfoque convencional de formação baseada nos conteúdos acadêmicos e o de competências.

VALÉRIA AMORIM ARANTES (ORG.)

Quadro 2. Traços distintivos do enfoque de formação dominante[4] e do de competências

Âmbito considerado	Prioridades	
	Enfoque dominante	Enfoque por competências
Foco ou eixo da formação	Os programas acadêmicos. A reprodução e a aplicação (futura) do conhecimento gerado.	Os estudantes, seus recursos, seus conhecimentos. A contribuição do conhecimento para o crescimento e o desenvolvimento pessoal.
Acesso dominante ao conhecimento	Enfoques transmissivos, lógico-dedutivos. Racionalidade intelectual.	Enfoques socioconstrutivistas. Importância do emocional, do social e do cognitivo. Aprender em ação e sobre a ação.
Contextos formativos	Tempos, espaços e temáticas disciplinares.	Casos, problemas e situações vitais, bem como sua contextualização no conhecimento organizado.
Concepção do conhecimento	Dualidade teoria/prática. Prioridade da abstração e da aplicação. Adaptação ao conhecimento transmitido.	Integração teoria/ação prática. Importância do contexto. Integração de diversas formas de conhecimento. Reelaborado pelo sujeito.
Conceito de conquista acadêmica	Adaptação à norma. Saber replicar o ensinado.	Geração de modalidades complexas de saber. Capacidade de transferência. Saber replicar o aprendido, saber elaborar.
Avaliação	Normativa, com relação ao transmitido.	Criteriosa, com relação aos desenvolvimentos alcançados. Autoavaliadora, do processo e do somatório final.
Função central exigida do estudante	Adaptativa.	Sentido da própria responsabilização. Cooperação social. Reflexividade. Autoavaliação.

Elaborado com base em Rué (2008a, p. 3-4).

---

4. Poderia, inclusive, ser denominada "hegemônica", de acordo com Antonio Gramsci, se lhe atribuíssemos também as dimensões ideológica e política.

Como enunciado mais acima, essa concepção da formação foi ganhando espaço desde os anos 1990, não sem dificuldades, já que foram gerados importantes mal-entendidos a respeito. Isso, porém, não é de estranhar se nos lembrarmos de que tal conceito tem algumas origens obscuras e nebulosas, ao menos para grande parte dos educadores. Deveremos considerar, como consequência, que a introdução de tal conceito na formação é problemática em muitos lugares, gerando mal-entendidos e fazendo que leve tempo para seu pleno desenvolvimento. Isso por diversas razões, que exploraremos a seguir. Mas antes nos aprofundemos um pouco mais nas razões que justificam a atualidade das competências.

Razões que justificam a atualidade do enfoque por meio de competências

A escola, tradicionalmente, manteve-se afastada do mundo produtivo. Ela foi concebida para configurar um espaço próprio, relativamente à margem do mundo, e formar os alunos com base em propostas formativas planejadas, ou seja, no conhecimento que pode ser ensinado, com o objetivo de socializar as novas gerações mediante o conhecimento socialmente acordado e pedagogicamente organizado para tal finalidade. Portanto, é natural que, a princípio, uma proposta que tenha importantes raízes no campo da formação ocupacional e profissional seja vista com receio. Parece que isso muda a concepção que temos da escola e do que nela deve ser feito.

Entretanto, é pertinente lembrar que no mundo da formação ocupacional ocorreu uma mudança muito importante, que foi reflexo de uma profunda transformação. Estamos transitando da época industrial para a sociedade do conhecimento, um argumento que me parece fundamental para compreender a fundo o que estamos analisando[5]. Na época industrial, para um grande número de pessoas, a lógica do trabalho estava radicada na máquina e na cadeia de produção e era independente do trabalhador, embora este devesse desenvolver importantes habilidades de compreensão, observação e ação, de acordo com o ritmo e o modo de fabricação. Essa lógica introduzia, por sua vez, um forte condicionante para a formação: deveria ser adaptativa.

Com a chegada da robótica e da computação, muitas das habilidades requeridas dos trabalhadores puderam ser transferidas para as máquinas (*hardwares* e robôs), o que gerou novas necessidades formativas e novas competências para o trabalho. Deve-se observar, por exemplo, que qualquer um de nós, sabendo as regras básicas do cálculo, tende a realizar qualquer operação utilizando uma máquina, mesmo quando não é necessário guardar nenhum registro daquela operação. Note-se também como os SMS (mensagens de texto enviadas pelo telefone celular) estão dando lugar a modalidades de emprego da linguagem cujo foco se encontra nos próprios indivíduos, em suas necessidades de comunicação e de economia e em sua capacidade inventiva.

Adicionalmente, no mundo da produção surgiu um novo

---

5. A esse respeito e como exemplo devem ser vistos os trabalhos de Richard Sennett: *La corrosión del carácter: las consecuencias personales del trabajo en el nuevo capitalismo* (Barcelona: Anagrama, 2000); *El respeto, sobre la dignidad del hombre en un mundo de desigualdad* (Barcelona: Anagrama, 2003); *La cultura del nuevo capitalismo* (Barcelona: Anagrama, 2006).

setor baseado no conhecimento, o amplo setor de serviços, que requer outros recursos para o desempenho do trabalho. Trata-se de recursos diferentes dos utilizados com as máquinas e muito mais intangíveis porque dependem do que os trabalhadores ou assalariados sabem, do que sabem fazer e de como o fazem. São recursos que, muito frequentemente, também são executados por meio de máquinas com *software* e cuja função é ampliar as competências cognitivas e procedimentais do trabalhador até onde ele sabe utilizá-las, e não mantê-las sob controle.

Portanto, proveniente do mundo da produção industrial, o conceito de habilidades, entendidas instrumentalmente com relação ao posto de trabalho e à máquina, é ampliado no novo contexto social. Assim, é enriquecido e passa a integrar um universo mais amplo, o da competência, um conceito agora centrado na própria pessoa, em suas possibilidades, sua formação, sua compreensão, em saber se situar em um contexto etc.

De certo modo, o potencial das máquinas e do *software* atuais permite devolver ao trabalhador assalariado elementos importantes do trabalho artesanal anterior à Era Industrial. O trabalhador artesanal pode personalizar seu trabalho, tanto para si quanto para o cliente, por meio das habilidades profissionais, e aprender ou melhorar – bem como se melhorar – no decorrer do processo. Referindo-se a isso, Richard Sennet (2009, p. 53), um dos grandes analistas do mundo do trabalho, comenta que a "habilidade é uma prática adestrada. Com isso, opõe-se à inspiração súbita". O autor cita ainda o exemplo que Mozart nos deixou em suas cartas: "Voltava mentalmente uma e outra vez a suas partituras antes de deixá-las escritas".

VALÉRIA AMORIM ARANTES (ORG.)

Principais mal-entendidos associados a uma formação baseada nas competências

Em outro texto (Rué, 2007), resumi as dificuldades conceituais vinculadas à noção de "competência", que confundem os docentes quanto à orientação que devem imprimir à formação que ministram. São as seguintes:

- denominar com o mesmo termo tanto as atuações humanas simples quanto as complexas;
- empregar o mesmo conceito para definir indistintamente as propriedades relativas a um indivíduo e as que requerem um contexto;
- não distinguir convenientemente entre as competências da formação orientada para uma família de atividades ou para um campo profissional e as competências especificamente profissionais, de acordo com os padrões dos profissionais em exercício;
- misturar as distintas concepções de competências, entendidas como propriedades individuais, ou seja, como certo tipo de inteligência ou *aptidões*, com aquelas desenvolvidas na aprendizagem e que são produto dela;
- estabelecer, na avaliação, uma relação simples entre a competência adquirida e a atuação observável.

Tratarei de agrupar alguns dos mal-entendidos que ocorrem na introdução do conceito de competências em educação. Contudo, talvez a fonte do principal mal-entendido seja o esquecimento, por parte de todos nós, administradores, profissionais e pedagogos, do fato de que ainda estamos em um processo de "construção" do conceito de competência aplicado à educação acadêmica formal; o esquecimento de que essa é uma proposta com limitações e interpretações próprias. Efetivamente, não basta que tenhamos uma ideia mais clara de tal conceito nem o consenso entre especialistas. Agora isso deve começar a ganhar espaço na ação educativa. Estamos apenas levantando os pilares, e há coisas que ainda não sabemos e outras que talvez não possamos fazer.

Essa chamada para a realidade entra em choque com a crença de que o conceito de competência tem apenas uma acepção e uma única forma de resolução na prática da formação. A consequência disso é que muitos docentes, ao deparar com acepções, tradições e versões diferentes, tendem a pensar que essa proposta não tem consistência nem sentido. Vejamos, no entanto, três importantes fontes de confusão a esse respeito.

As diferentes tradições a respeito do que são as competências

Tentarei ilustrar como as origens do conceito e as diversas tradições culturais e formativas nos principais países geram mal-entendidos ou insegurança para aqueles que buscam respostas unívocas e rápidas, o que dá margem a um primeiro tipo de mal-entendido.

Tradições com relação à origem do conceito
É importante lembrar o papel influente que o behaviorismo teve na orientação do ensino nos anos 1960 e 1970 nos Estados Unidos e em outros países. Sua noção-chave era gerar *respostas* entre os alunos com base em *estímulos-objetivos* organizados nos

programas de instrução. Respostas que podiam ser de ordem cognitiva ou comportamental, hábitos, habilidades (*skills*, em inglês) ou destrezas básicas. Propunha-se que tais destrezas ou habilidades eram geradas entre os alunos em função do estímulo recebido, e não da capacidade de processar o conhecimento e refletir que todas as pessoas possuem.

O behaviorismo, como enfoque tecnocrático de ensino e aprendizagem, não considerava as pessoas em sua globalidade (com emoções, cognição, interesses etc.), mas suas respostas automatizadas, em função dos estímulos trazidos do ensino, da instrução. Isso deu origem, por exemplo, ao ensino programado, aos métodos de avaliação baseados nos testes de reconhecimento e de memória, formas de controle do conhecimento que tendiam a simplificá-lo e fracioná-lo.

Portanto, não é de estranhar que muitas pessoas ainda associem a nova concepção de *competências* com o termo *skills*, entendido como *habilidade externamente adestrada*, e com a aquisição de conhecimentos ou automatismos de conduta básicos, como executar uma subtração, conjugar um verbo no particípio ou escrever uma hipótese, como se estivéssemos diante de uma versão renovada do enfoque *instrucionista*.

Definitivamente, o behaviorismo como teoria de ensino reunia problemas muito significativos. Ao primar por determinado enfoque de ensino, a *instrução*, acima da *educação*, entendida como uma formação de natureza mais profunda e orientada para a globalidade do desenvolvimento pessoal, ele:

• superdimensionava o papel do professor, entendido como "transmissor" dos "estímulos" para a aprendizagem;

EDUCAÇÃO E COMPETÊNCIAS: PONTOS E CONTRAPONTOS

- simplificava o conhecimento, reduzindo-o a "respostas" cognitivas de "baixo nível", como memorizar ou executar habilidades (*skills*) básicas;
- fragmentava o conhecimento e sua complexidade, reduzindo-o a longas sequências de unidades de informação, consideradas "objetivos" formativos;
- reduzia o sujeito-educando ao papel de aprendiz-executor;
- subordinava a formação à divisão social do trabalho: o mundo da prática e dos que executam e o mundo dos que pensam e elaboram.

Tradições culturais com relação à concepção do conceito
A segunda questão com a qual deparou a introdução do enfoque por meio de competências é que essa noção foi empregada de maneira corrente na formação ocupacional e profissional em função das tradições culturais de cada país e das diferentes influências de acadêmicos, especialistas e agências estatais ou privadas. Tal diversidade "cultural" com relação a um mesmo termo dá a sensação de que ele pode ser um conceito vago e pouco claro, portanto pouco relevante.

De fato, enquanto na tradição estadunidense "ser competente" indica um nível elevado de "ser especializado", na tradição britânica significa apenas ter desenvolvido certo nível básico de competência, normalmente de acordo com alguns referenciais ou níveis de execução preestabelecidos e específicos.

No Reino Unido, o Departamento de Educação, com o objetivo de avançar em direção a uma compreensão mais clara do termo para todos, analisou dezesseis organizações que trabalhavam na introdução de modelos de gestão e observou que a maioria utilizava como referencial um modelo que compreende cinco grupos de competências interligadas (Winterton, Delamare-Le Deist e Stringfellow, 2005, p. 34):

- a competência cognitiva, que inclui teoria e conceitos, assim como o conhecimento informal tácito (obtido por meio da experiência), o conhecimento factual (o saber o quê) e o baseado na compreensão (o saber por quê);
- as competências funcionais (habilidades, o saber como), ou seja, aquelas coisas que uma pessoa que trabalha em determinada área deveria ser capaz de fazer e demonstrar;
- a competência pessoal (os comportamentos, o saber como se comportar), definida como uma característica relativamente permanente de uma pessoa, diretamente relacionada com uma atuação efetiva ou superior em um trabalho;
- as características éticas pessoais, definidas como a posse de valores pessoais e profissionais e a habilidade de formular juízos de valor em situações vinculadas ao trabalho, baseando-se em tais características;
- as metacompetências, vinculadas à habilidade de lidar com as incertezas, assim como com a aprendizagem e a reflexão.

Na França, foi seguido um enfoque multidimensional das competências, em uma aproximação do modelo norte-americano. De qualquer modo, no país gaulês, a partir do final dos anos 1980, houve um consenso básico em torno de três dimensões: o *saber* (as competências teóricas), o *saber ser* (as competências práticas) e o *saber estar* (as competências sociais e de comportamento). Todas elas estão fundamentadas em uma concepção complexa do *conhecimento:* no saber (*savoir*) e no conhecimento mais superficial (*connaissance*), em um componente baseado na experiência, o saber fazer, o saber gerenciar (*savoir faire* ou *savoir agir*), e em um componente próprio da conduta, o saber ser ou a capacidade de adaptação.

Na Alemanha, o termo *Kompetenz* tem uma dimensão globalizadora que, além de incorporar os conteúdos e as habilidades próprios de uma área do conhecimento, inclui outros de caráter mais transversal, afora as disciplinas. Durante os anos 1980, o conceito ampliou seu universo de referência até campos mais interdisciplinares ou globalizadores. Assim, ali são mencionadas a *competência ecológica*, a *competência democrática* ou a *competência em meios de comunicação*.

Em síntese, os conceitos culturais não são unívocos nem invariáveis e mudam de acordo com as diferentes interpretações e com as transformações da realidade. Porém, além de os termos serem polissêmicos, diversas agências e autores empregam o conceito de competência de acordo com as distintas tradições de pensamento nas quais estão situados respectivamente – e nem todas obedecem aos mesmos propósitos. Obviamente, a falta de clareza a esse respeito tende a gerar confusão entre os docentes com relação ao que significa o conceito e a como ele deve ser utilizado na formação.

Tradições com relação ao tipo de conquistas finais em determinado currículo
Finalmente, encontramos as distintas tradições culturais com relação às conquistas educacionais ou aos objetivos finais para um currículo. Em muitos países, tais objetivos são propostos em termos de apropriação dos conhecimentos instrumentais (lingua-

gem, matemática) e de conhecimentos acadêmicos das disciplinas que integram determinado currículo. Esse enfoque ignora uma orientação da formação baseada em competências, embora muitos dos alunos as desenvolvam. Simplesmente se supõe que os alunos já as tenham alcançado mais explicitamente em outros contextos, sem que isso seja uma prioridade para a escola. Contudo, com base nos estudos do Programa Internacional de Avaliação de Alunos (Pisa), baseados na avaliação de competências – por exemplo, saber contextualizar um problema e resolvê-lo –, essa questão começou a ser reconsiderada em diferentes países, como na Espanha.

Em 1996, o sistema educativo alemão já havia adotado um novo enfoque a respeito das conquistas finais, e as competências passaram a ser entendidas como resultado da formação (*outputs*), e não como propriedade formativa das disciplinas (*inputs*). Em segundo lugar, em vez de ser consideradas um requisito profissional, passaram a ser um aspecto central da própria formação, o que foi traduzido em um perfil aprovado e indicado desde a Conferência dos Ministros da Educação e dos Assuntos Culturais dos Estados para cada tipo de formação.

Na Escócia, também foram elaborados, para cada nível de conquista ou aprendizado, parâmetros de resultados organizados segundo cinco grandes grupos de competências:

* o conhecimento e a compreensão, fundamentados principalmente no repertório das disciplinas acadêmicas;
* a prática (conhecimento aplicado e compreensão);
* as habilidades cognitivas genéricas, por exemplo a avaliação, a análise crítica;

EDUCAÇÃO E COMPETÊNCIAS: PONTOS E CONTRAPONTOS

- a comunicação, as TICs (tecnologias da informação e comunicação), o cálculo;
- a autonomia, a responsabilização e a capacidade para trabalhar em equipe.

No caso da Austrália, sete competências foram consideradas requisitos-chave para avaliar a formação: 1) reunir informação, analisá-la e organizá-la; 2) expressar ideias e informação; 3) planejar e organizar atividades; 4) trabalhar em equipe; 5) usar ideias matemáticas e técnicas; 6) resolver problemas; 7) empregar a tecnologia. Considerou-se que essas competências podiam ser transferidas do campo da formação para o do trabalho (Mayer, 1992, *apud* Winterton, Delamare-Le Deist e Stringfellow, p. 42).

Por último, a Comissão Europeia fez, em 2006, uma recomendação oficial[6] utilizando uma ferramenta de referência para as competências-chave, sugerindo como o acesso de todos os cidadãos europeus a tais competências pode ser garantido por meio da aprendizagem permanente. Essa proposta fundamenta-se no fato de que o desenvolvimento da sociedade do conhecimento exige que os Estados-membros "fomentem a rápida reforma dos seus sistemas de educação e formação para, entre outras questões, alcançar os pontos de referência (*benchmarks*) europeus sobre a melhoria das qualificações e das competências dos jovens".

---

6. Parlamento Europeo y Consejo de la Unión Europea. Recomendación del Parlamento Europeo y del Consejo de 18 de diciembre del 2006 sobre las competencias clave para el aprendizaje permanente. *Diario Oficial de la Unión Europea*. Disponível em: <http://eur-lex.europa.eu/LexUriServ/LexUriServ.do?uri=OJ:L:2006:394:0010:0018:ES:PDF>. Acesso em jul. 2009.

Os objetivos concretos dessa recomendação são os seguintes:

- determinar e definir as competências-chave necessárias;
- apoiar as iniciativas dos Estados-membros que tenham a intenção de garantir que, ao término da educação e da formação iniciais, as competências-chave se desenvolvam entre os jovens na medida necessária para sua preparação para a vida adulta;
- proporcionar uma ferramenta de referência em padrão europeu aos responsáveis pela formulação de políticas, aos provedores da educação, aos empregadores e aos próprios alunos.

A proposta de instauração de um marco europeu de competências-chave pretende ser um instrumento prático para os Estados-membros, a fim de garantir a aquisição e a atualização de tais competências no âmbito pessoal, público e profissional dos cidadãos. Esse marco de referência abarca as oito grandes competências-chave apresentadas a seguir, de que todos os cidadãos europeus deveriam dispor:

- comunicação na língua materna;
- comunicação em línguas estrangeiras;
- competência matemática e competências básicas em ciências e tecnologia;
- competência digital;
- aprender a aprender;
- competências interpessoais, interculturais, sociais e cívicas;
- espírito empresarial;
- expressão cultural.

Além da definição das competências-chave, a recomendação declara conveniente que as decisões de aplicação sejam tomadas nos níveis nacional, regional e local. E pede aos Estados-membros que cuidem para que todas as pessoas as tenham adquirido ao término da educação e da formação iniciais, animando-os, à luz dos níveis de referência europeus, a abordar os desequilíbrios em matéria de educação. Quanto aos adultos, a recomendação solicita a criação de infraestruturas completas em colaboração com todas as partes interessadas.

As características do conceito e dos termos a ele associados

Neste tópico, nós nos deteremos em dois aspectos importantes que provocam também certa confusão para a adequada compreensão do que estamos comentando.

Anteriormente, foi citada uma crítica às competências fundamentada no fato de que sua introdução representaria uma simplificação da formação, reduzindo-a a habilidades e automatismos muito básicos. Essa crítica, como já vimos, tem sua raiz histórica na crítica ao behaviorismo como princípio formativo. É próprio desse tipo de confusão estabelecer uma oposição entre competências e conteúdos disciplinares como duas formas opostas de adquirir conhecimento, como se as competências tivessem de se desenvolver em detrimento dos conteúdos disciplinares ou vice-versa. A versão atual do que é competência, entretanto, integra ambos.

Uma segunda confusão é a das denominações que com frequência acompanham sua definição, qualificando-as como *básicas*, *específicas* e *transversais*. Autores de referência especializados no tema, como Michael Eraut (1994), discutem essas distinções em função dos equívocos que encerram.

A primeira dessas críticas deve ser muito matizada. Toda competência – por exemplo, aquelas relacionadas com o cálculo, a leitura ou um esporte como o futebol –, mesmo a mais complexa, pode ser progressivamente adquirida com o uso de habilidades e automatismos. Portanto, a questão não é saber se as competências são confundidas ou não com os automatismos elementares ou básicos, mas atingir determinado automatismo com relação a um nível de execução específico. Se tomarmos como exemplo o controle da bola de futebol, não será exigido o mesmo nível de automatismo em um grupo de amigos e em uma equipe de aficionados que participa de uma pequena liga ou de outra disputa profissional.

Em nível superior, o "controle" está relacionado com a estratégia de equipe, com o plano de ação, com as regras do jogo etc. A organização da informação para dominar as atividades de maior nível cognitivo, como a habilidade de ler, pode ser progressivamente automatizada por meio do emprego reiterado de ferramentas de síntese, como mapas conceituais. Porém, a habilidade para analisar um problema, para reconhecer um mesmo tipo de problema em contextos distintos, não é nada simples. Provém exatamente do domínio dos respectivos conteúdos disciplinares, embora não apenas deles. Também aí os níveis de domínio disciplinar e de habilidades intelectuais correspondentes e procedimentais serão progressivamente mais elaborados quanto mais bem trabalhados forem de maneira relacionada.

Também é próprio desse tipo de confusão relacionar as competências com o que se denominou "pedagogia por objetivos" (Gimeno Sacristán, 1982). Essa associação surgiu na aplicação de

EDUCAÇÃO E COMPETÊNCIAS: PONTOS E CONTRAPONTOS

tal enfoque à prática formativa. Normalmente, foi introduzida sem muitas argumentações nem formação específica. Pediu-se aos docentes que formulassem objetivos de competências para determinado período de aprendizagem ou para uma disciplina específica, nas respectivas programações. Isso algumas vezes deu origem a listas de competências sem muito sentido e fez que se esquecesse que "objetivo" é um conceito que indica até onde é preciso chegar, enquanto "competência" indica um tipo de conteúdo ou de sentido integrado da formação.

Com relação à formação orientada por competências, os objetivos de conquista podem ser simples e fracionados, como nos conteúdos de uma disciplina, ou podem ser objetivos de desenvolvimento específicos, de competências mais complexas. Nessa versão, os objetivos podem ser indicadores de conquista para determinados níveis de resolução de uma competência dada, porém, a princípio, não têm um porquê, são objetivos redutores do conhecimento. Portanto, se uma simplificação ou fragmentação do ensino ou da formação é dada, não se deve tanto ao próprio significado da formação por meio de competências, mas a uma forma de pensar, a um tipo de cultura profissional que faz da fragmentação sua estratégia de progresso e de avaliação. E tal forma de proceder pode ser aplicada a qualquer conteúdo ou orientação educacional.

O segundo tipo de confusão apontado anteriormente relaciona-se com o interesse para distinguir certos tipos de conquista de competência (as básicas, as específicas, as transversais) com relação ao que se espera delas. Mas não serve para nos introduzir em seu desenvolvimento nem para compreender melhor como desenvolvê-las entre os alunos. Entende-se como competência básica aquela fundamental para o desenvolvimento de uma atividade: saber interpretar o sentido das palavras de um texto para compreendê-lo. É uma competência específica, porém, dominar determinado tipo de vocabulário ou saber fazer determinada coisa em um campo de conhecimento, por exemplo geográfico, químico ou de enfermagem. Finalmente, são entendidas como competências transversais aquelas que podem ser utilizadas de um modo ou de outro em campos distintos, como saber redigir um texto, organizar um conjunto de informações etc.

O problema, no entanto, é que no processo de aquisição de uma competência isso não funciona assim. Para começar, as competências não são transferidas. São as pessoas formadas que fazem isso quando as dominam suficientemente; quando sabem executá-las em um contexto, começam a poder estendê-las a outro campo de atividade. A precisão, o cuidado etc. são aprendidos em cada contexto de ação.

Em segundo lugar, as competências nunca são genéricas ou básicas para quem as aprende. Somar é básico, porém não aos 6 anos. Realizar certo tipo de adição pode exigir um nível muito especializado. A aprendizagem sempre é específica do contexto, da idade, do nível, das intenções da conquista etc. E o que agora é básico antes era muito complexo para quem aprendia. Consequentemente, uma competência é aprendida de modo concreto, para um contexto concreto. A formação progride e avança quando a formação anterior se torna básica. É especialista quem sabe o que é básico, mas não quem está aprendendo.

As distinções anteriores, portanto, embora possam servir para orientar os professores no planejamento da formação, a fim de que saibam o que propor a seus estudantes, não significam nada para quem está aprendendo. Ambas as questões devem ser levadas em conta se não se deseja incorrer em simplificações, seja acerca do que são competências, seja sobre que tipo de proposta deve ser feita aos alunos para uma formação determinada.

Finalmente, neste capítulo, devemos fazer breve referência à falsa oposição entre conhecimentos e competências. O fato de transferir o termo *competência* da formação ocupacional para a formação geral, ou mesmo para a universidade, alimenta a crença de querer situar toda a formação em função de determinada realidade de trabalho, conferindo-lhe um caráter instrumental, em vez de reforçar seu caráter de formação básica, orientada para a formação e o desenvolvimento de pessoas, para que sejam elas que decidam como orientar o seu futuro pessoal e profissional.

Esse debate apenas reflete a oposição entre dois grandes modos de entender a formação de pessoas. Aquele que valoriza o papel das disciplinas, das matérias, e o que enfatiza o que é e o que significa trabalhar em função dos problemas e das situações de aprendizagem. Ambas as aproximações da formação podem ser mais ou menos relevantes. Mas jamais pode ser feita a oposição do modelo acadêmico, como o de nível formativo superior, ao das competências, indicando que essa opção é inferior. Argumentaremos mais a esse respeito nas páginas seguintes.

As políticas empreendidas para a introdução do termo: a representação idealista do poder das grandes ideias para introduzir sua mudança e seus enfoques tecnocráticos

No campo educacional, há um tipo de erro que costuma ser cometido reiteradamente. Trata-se de considerar toda nova concepção educativa – psicopedagógica, pedagógica ou didática – como algo que resolverá todos os problemas atuais, gerando mais soluções do que realmente pode.

Isso se deve a um tipo de idealismo que enfatiza o poder das ideias, descurando do "pequeno detalhe" de que elas devem ser compreendidas, assimiladas e aplicadas por um enorme contingente de profissionais, com distintos níveis de recursos, de motivação e de formação, em condições e contextos educacionais muito diversos entre si.

Não se pode, tampouco, descurar, como em tantos outros campos, do fato de que o desenvolvimento aplicado de uma ideia requer tempo e recursos adicionais para dominá-la, para explorar suas possibilidades e ver suas limitações. Porém, os políticos e administradores que dirigem e regulam a formação educacional nem sempre veem o que é prático, nem sempre sabem que toda mudança, mesmo bem fundamentada, requer compreensão, dedicação, persistência e paciência. A segurança dos administradores na qualidade das propostas, em decorrência de seu tempo político ser curto, faz que empurrem para os técnicos a busca de soluções adequadas a suas expectativas, lançando mão de vias administrativas e de modelos de desenvolvimento "de cima para baixo", na falsa crença de que o que for ordenado será compreendido e cumprido.

Obviamente, esse desencontro de expectativas entre os dois tipos de conhecimento, entre o que funciona em nível geral e o que pode e sabe fazer em nível local ou contextual, gera incompreensão, resistência e também frustração e desconfiança sobre qualquer ideia que venha do exterior, principalmente ideias provenientes de organismos oficiais. É aí que surge a atitude superficial de assumir a mudança, que pode ser descrita citando-se o dito popular "para inglês ver".

Com relação ao que foi dito anteriormente, a introdução de um novo conceito como esse costuma ser realizada sob um enfoque tecnocrático. Quando uma realidade se manifesta com demasiada complexidade e é difícil estendê-la e esperar os resultados, acontece a tentativa de simplificá-la para "não complicar a vida". Ela fica reduzida a alguns procedimentos mais ou menos básicos, e, desse modo, acredita-se que ela pode se comunicar e ser compreendida facilmente. Naturalmente, quando simplificamos a realidade do que está sendo proposto, damos a entender que essa determinada ideia pode ser executada com relativa facilidade. Mas esquecemos que o que não é bem compreendido é mal realizado e acaba sendo considerado irrelevante. Um efeito que, por fim, acaba se tornando um obstáculo enorme para o desenvolvimento da ideia inicial.

A mudança na cultura docente e os aspectos sobre os quais ela incide

Com frequência, costuma-se esquecer também que as novas ideias, como a que comentamos, quando realmente relevantes, não consistem somente em aplicações técnicas, mas são transformadoras das maneiras anteriores – ou tradicionais – do modo de conceber e do fazer profissional em educação. Na realidade, todo o edifício conceitual anterior só adquire sentido final se for concretizado no trabalho cotidiano nas salas de aula. Caso contrário, transforma-se em outra onda que passa por cima da realidade formativa mais concreta, sem afetá-la substancialmente.

Lembremos que foi comentado que a pedagogia das competências tem o aluno e sua *ação* como foco da atuação pedagógica. Também nos referimos à competência como uma forma *complexa de saber*. Destacamos que as competências se desenvolvem em contextos de ação e de reflexão, por meio de situações-problema, na resolução de casos, em situações de aprendizagem mais simples ou complexas, porém vinculadas à ideia de investigação e à resolução de dificuldades no nível do aprendiz. Também por meio de situações de comunicação, de situações que requerem a iniciativa dos alunos etc. Mas essas situações de trabalho devem ser criadas, alguém tem de pensá-las, e isso se choca com outro obstáculo importante proveniente da cultura docente atual, que exerce forte oposição ao enfoque que analisamos.

Estou me referindo ao conceito atual de conteúdos programáticos das disciplinas. Os professores aprendem a dominar o desenvolvimento de um programa, seus temas, seus exemplos, suas linhas de progresso. Para trabalhar por meio de competências, porém, é preciso fazer adaptações, imaginar situações etc., algo que não é feito facilmente.

Além disso, nos diferentes sistemas educativos, os distintos programas acadêmicos experimentaram uma ampliação substancial, fruto do desenvolvimento do conhecimento. Contudo, o tempo de aprendizagem é sempre o mesmo. A consequência disso é a intensificação do trabalho dos professores e dos estudantes. Cada vez mais, estes e aqueles percebem que há mais trabalho e mais coisas para aprender e para fazer.

Nesse cenário, o enfoque por competências aparece como algo que amplia o tempo de aprendizagem e que, consequentemente, limita o alcance dos programas. Portanto, é no território do tempo de aprendizagem que se dirime o confronto entre as duas aproximações da formação. E essa contradição só pode ser resolvida convenientemente se os professores dominarem o conjunto dos conteúdos programáticos e souberem distinguir o que é indispensável, o que é básico para todos e o que pode ser objeto de ampliação ou de desenvolvimento para certos alunos, algo difícil de acreditar que possa ser facilmente generalizado.

Com relação ao que foi dito anteriormente, os professores que trabalham por disciplinas necessitam de pouca coordenação entre si, dado que pertencem a campos de conhecimento distintos. O enfoque aqui tratado, pelo contrário, requer consenso e coordenação, que ocupa tempo do corpo docente, um tempo que, mesmo que não haja essa coordenação, não é considerado próprio do exercício docente.

Ambos os aspectos deverão ser objeto preferencial de atenção e de trabalho específico, em uma proposta de introdução do enfoque por competências na educação formal. Mas ainda há mais. Esse enfoque coloca em questão uma maneira comum de compreender um dos grandes pilares da atuação profissional: a avaliação. Como colocá-la em prática nessa nova orientação? Como ela afeta a certificação das conquistas dos alunos? Como é possível adaptar-se ao novo, de acordo com os hábitos tradicionais de avaliação de conteúdo de disciplinas?

Enfim, o modelo que analisamos representa todo um cenário pedagógico distinto daquele que ainda é habitual em muitas salas de aula. E seu desenvolvimento deve incluí-las. Assim, é fundamental que os administradores compreendam isso em suas tentativas de introduzir tal enfoque no ensino.

Introduzir a noção de competências na educação formal

Como vemos, o trabalho dos alunos orientado com base na noção de competências necessita de um cenário mínimo de ação apropriado, que tenha sido assimilado claramente pelos docentes que o desenvolvem. Esses novos cenários devem ser promovidos e ex-

VALÉRIA AMORIM ARANTES (ORG.)

plicados, mas também explorados, compartilhados e reelaborados pela própria experiência docente.

Não só não se ganha nada, como também se perde muito ao descuidar do papel dos profissionais na aplicação dessa orientação da formação. Entre o que se perde está o valor potencial da própria proposta, tanto para os profissionais quanto para os alunos. Desenvolver esse enfoque transforma também as próprias competências profissionais docentes, motivo pelo qual se deve aplicar, em sua introdução na educação formal, tudo aquilo que se comenta sobre elas.

Por isso, para que esse conceito consiga impregnar a prática da formação nas salas de aula, são necessárias algumas condições básicas. A primeira delas é admitir que sua concretização na prática docente significa uma transformação cultural, uma mudança na forma de entender e de orientar o trabalho dos alunos, e não uma simples inovação de ordem técnica. Quanto a esse aspecto, o papel da administração central ou do governo que introduz essa linha de trabalho é crucial. Suas orientações e instruções, suas linhas de apoio, o que for comentado por seus especialistas e as experiências que forem produzidas desempenharão papel decisivo na primeira fase de sua introdução.

Tal orientação pedagógica, embora seja uma proposta de formação relevante, não é simples nem na sua concepção, nem na sua concretização na prática nas salas de aula, nem na avaliação das conquistas dos alunos. Com relação à orientação oferecida aos profissionais da educação, é recomendável que os especialistas, os responsáveis, os gestores ou os introdutores dessa proposta:

- assumam um desenvolvimento básico do conceito e do que este significa em termos práticos, com a finalidade de esclarecer

EDUCAÇÃO E COMPETÊNCIAS: PONTOS E CONTRAPONTOS

o que se refere a ele e minimizar as confusões relativas à sua compreensão, trazendo exemplos práticos e referenciais claros;

- evitem imprimir rapidez à sua aplicação, buscando os resultados antes da compreensão e da assimilação da proposta. As mudanças de natureza cultural requerem oportunidades para que seu significado seja assimilado. Uma mudança dessa natureza não é conseguida com o uso do *Diário Oficial* nem com instruções advindas da administração educativa. Por aí é possível apenas começar;

- revisem as limitações dos atuais materiais pedagógicos com relação ao conceito de competências e com respeito às suas respectivas propostas de trabalho;

- desenvolvam um "mapa específico" do possível desenvolvimento das grandes competências e das *famílias* destas, com exemplos de contextos, situações e tipos de conquista[7];

- promovam o ensaio de programas piloto de sequenciação de sucessos nas grandes famílias de competências. Isto é, informem, por exemplo, com relação à *família* ou ao campo das competências comunicativas, as modalidades de conquista ou sucesso desejadas para cada curso ou cada nível para o qual são prescritas;

---

7. Chamamos de "família" um grupo de competências relacionadas entre si por uma propriedade central. Por exemplo, fariam parte da *competência comunicativa* todas as formulações de experiências que de um modo ou de outro a desenvolvessem e estivessem vinculadas à linguagem (oral, audiovisual, textual, gráfica, sintática, lexical, ortográfica, de *software* etc.), com a intenção de se fazer compreender, escutar, interpretar etc. e em contextos de monólogo, de diálogo ou de interação grupal, para citar alguns contextos comunicativos.

- distingam entre a dimensão transversal de certas competências e sua dimensão disciplinar. Por exemplo, entre "identificar e interpretar diferentes tipos de textos", como competência transversal comum a todas as disciplinas, e "distinguir os diferentes níveis e registros da linguagem", uma competência mais própria das disciplinas que ensinam línguas;
- orientem os docentes com relação a determinadas prioridades: por exemplo, algumas competências fundamentais que o aluno pode utilizar transversalmente;
- orientem os docentes para a sequência de algumas competências, poucas, consideradas fundamentais, que os ensinem a decompô-las e trabalhá-las em diferentes atividades e situações, em vez de promover longas listas de competências e pensar que serão desenvolvidas adequadamente, sem referências ou exemplos compartilhados;
- apoiem a pesquisa nesse campo: por exemplo, o que significa "comunicar" ou "sintetizar" em determinado nível de ensino ou para determinado grupo de pessoas? Ou que tipo de progressão – ao longo da escolarização – deve ser aceito pelos profissionais para determinada competência, a comunicativa, por exemplo?

Para apoiar diretamente os profissionais introduzidos nesse enfoque, é interessante:

- dar a eles a oportunidade de gerar e trocar experiências sobre a introdução da proposta;
- tentar evitar que se confundam com a terminologia dessa linha de trabalho;

EDUCAÇÃO E COMPETÊNCIAS: PONTOS E CONTRAPONTOS

- dar apoio e formação adequada às novas necessidades que são apresentadas aos docentes, orientando-os na introdução dessa concepção ou corrente pedagógica em suas atividades formativas;
- observar que as competências são conquistadas com o uso de grupos de tarefas, contextualizadas de modo diferente e não apenas por meio de um tipo de tarefa. Por exemplo, "comunicar por escrito o próprio pensamento" se aprende mediante situações diversas que produzem diferentes reflexões e tendo de comunicá-las a distintos interlocutores, e não por meio de tarefas como "escrever cartas";
- analisar, contrastar e divulgar as experiências reunidas;
- ter recursos para avaliar adequadamente as conquistas;
- analisar as limitações e os problemas que a introdução desse conceito gera.

Por outro lado, quando se pretende que os professores avancem no domínio progressivo desse enfoque, é de enorme utilidade observar as contribuições da corrente denominada Pesquisa na Ação (Elliot, 1990, 1993a, 1993b; Stenhouse, 1987, 1990), desenvolvida com base em algumas ideias-chave com relação ao que comentamos. Poderíamos resumir algumas dessas ideias nos seguintes enunciados:

- os profissionais são capazes de aprender e melhorar o que fazem;
- esse modelo de aprendizagem pode se exercer sobre a ação e na ação, de acordo com a clássica noção de Schön (1992);
- tal modelo coincide com as ideias centrais da aprendizagem adulta elaboradas por Kolb (1984), ilustradas em um circuito

que compreende a experiência, a reflexão sobre ela, a elaboração de sua conceitualização, o teste ou ensaio e a observação;
* qualquer referência sobre a ideia de *experiência* pressupõe considerar os aspectos contextuais, emocionais e sociais desta, além dos cognitivos e institucionais.

O pressuposto e as evidências trazidas por todo o acúmulo de trabalho de tal corrente poderiam ser resumidos no fato de que esse tipo de mudança requer uma massa crítica de agentes envolvidos no processo de reflexão e nos fenômenos e resultados que nele são gerados. Sem estas duas grandes condições – uma "massa crítica" de profissionais com sentido de pertencimento e envolvimento no projeto e uma metodologia para a reflexão –, os avanços são muito menos sustentados e sustentáveis.

A ausência de oportunidades e de critérios para que os profissionais possam ir revisando e refinando seu conceito de competências, suas prioridades, as experiências docentes no seu desenvolvimento etc. reduz a complexidade inerente à noção de competência a uma representação simplificada da formação, o que traz sólidos argumentos para considerar tal proposta uma banalidade.

As competências na sala de aula: a atividade como eixo do seu desenvolvimento

Os professores introduzidos nesse tipo de proposta devem saber que qualquer tentativa de simplificação e relativização acabará se configurando como um obstáculo formidável para a sua progres-

EDUCAÇÃO E COMPETÊNCIAS: PONTOS E CONTRAPONTOS

siva extensão. De qualquer modo, a introdução do modelo de formação em competências deveria desenvolver uma reflexão que abrisse espaço para respostas válidas à formação, do ponto de vista dos alunos: por exemplo, saber *o que* estão fazendo, *no que* e *como* estão se formando, e *para quê*.

Na explicação das orientações apontadas, segue-se o fio condutor de um professor ou professora que deseja incorporar esse enfoque às aulas, embora a proposta exija um sentido maior quando articulada sobre a base do trabalho compartilhado por vários professores em um mesmo grupo de alunos. E adquire um sentido ainda maior se, na proposta, estiverem envolvidos todos os professores ou professoras de determinado ciclo formativo, para um período superior ao de um ano acadêmico.

Mais uma observação antes de prosseguir. Ao introduzir essa proposta, é muito mais importante conseguir desenvolver de maneira efetiva entre os alunos uma ou duas competências reconhecidas do que tentar adotar uma perspectiva global da programação baseada em determinado conjunto de competências.

Como elemento de reflexão para os docentes, proponho as seguintes questões:

- Como o enfoque de aprendizagem por competências contribui com as aprendizagens desse curso, dessa disciplina, desse ciclo?
- Quais as competências mais importantes nesse contexto? Quais serão priorizadas? Por quê?

Em segundo lugar, a introdução dessa orientação de formação deve considerar diferentes aspectos gerais, não menos importantes:

- Formar competências significa saber criar as condições necessárias para que os alunos as desenvolvam. Ou seja, saber planejar as atividades dos alunos e pensá-las em termos de contexto e problemas, de atividades, de situações etc., a fim de que sejam relativamente complexas, capazes de gerar um aprendizado relevante para o aluno. Que propostas de trabalho devo desenvolver? Com relação a qual competência?
- Sua definição e modalidade de desenvolvimento acarretam dilemas e podem ter ou exigir diversas soluções. Como concretizarei isso? Por onde devo começar? O que poderia ser mais relevante?

Em terceiro lugar, é preciso tomar decisões de ordem mais técnica:

- Quantas competências poderemos desenvolver adequadamente nesse ciclo, nesse ano acadêmico, nessa disciplina?
- Como as definiremos?
- Que tipo de conhecimento o aluno precisa dominar antes de enfrentar determinadas situações ou problemas?
- Como os alunos vão desenvolvê-las no tempo proposto para as diversas disciplinas ou módulos? Até que nível de desenvolvimento?
- Como serão avaliadas as conquistas?
- No caso de um ciclo educativo de dois ou mais anos acadêmicos, qual a relação estabelecida entre os sucessivos desenvolvimentos de cada competência, para cada ano?

Gostaria de chamar a atenção para um fato: ao examinar distintas programações formuladas por docentes, é comum encontrar confusão entre competências e atitudes, valores, aptidões ou capacidades, ou confusão com os procedimentos. Anteriormente, houve comentários sobre os graus de consenso acerca do que é considerado ou não competência.

Também é usual deparar com a falta de referenciais contextuais para o desenvolvimento das competências. Esse comentário não deve ser visto como um afã de "ortodoxia" acadêmica, na tentativa de acentuar o lado formal de "como fazer as coisas". O problema é outro. Uma definição mal formulada das competências que se pretende desenvolver junto aos alunos provavelmente influenciará o modo de planejar seu desenvolvimento, de trabalhar com ela e de avaliá-la. Por exemplo, quando se confunde o todo com uma parte, isto é, quando se toma a competência por uma atitude, como deve ser avaliada esta última? Como se pode dizer que se alcançou um mínimo de competência se o aluno não lida bem com os saberes necessários ou tem uma noção muito rígida dos procedimentos?

> **Exemplo de formulação de um objetivo geral de competência:** no final do ano acadêmico os alunos (do nível X) deveriam saber interpretar um texto e explicá-lo brevemente.

A proposta de planejamento descrita no quadro 3 (p. 56) não significa que tudo tenha de ser feito simultaneamente. Tampouco especifica em quais atividades ou campos de conhecimento isso deve ser feito consecutivamente, ou quais devem ser trabalhados antes de tais conhecimentos, ou se certos procedimentos devem ser tomados separadamente. O importante é que esse esquema esteja na mente do professor e que ele conceba o desenvolvimento mais integrado da competência como aquele que o estudante é capaz de realizar ao final de um processo ou de determinado tempo.

VALÉRIA AMORIM ARANTES (ORG.)

Quadro 3. Uma ferramenta para ajudar a definir e planejar o desenvolvimento e a avaliação das competências

Exemplo: 3ª série de...

Disciplina: Linguagem   Período no qual se vai trabalhar:

Competência transversal definida: no final do ano acadêmico, os alunos devem saber interpretar um texto e explicá-lo brevemente

Critérios para analisar a formulação de uma competên-cia específica	Saber	Saber fazer	Estar	Proposta de avaliação
	Fatos Dados Referenciais	Procedimentos Habilidades	Atitudes Valores	Contexto e nível de sucesso desejado ou requisitado
1) Saber interpretar um texto lido. 2) Saber explicá-lo oralmente, 3) ... usando técnicas de síntese, de resumo, textuais, 4) ... por escrito, a... 4.1) ... um interlocutor ou... 4.2) ... numa audiência, 5) ... com emprego preciso da linguagem, no final do ano acadêmico.	Domínio X do léxico no texto de referência. Distinguir os tempos verbais. Distinguir as principais orações; as subordinadas. O valor do subjuntivo. Saber o que é uma ideia central.	Grifar palavras não compreendidas. Procurar significados em um dicionário. Produzir um vocabulário. Distinguir entre as partes de um texto: introdução, desenvolvimento, conclusão. Estabelecer relações entre as diferentes ideias de um texto. Descobrir a ideia central. Utilizar uma tabela para classificar as ideias do texto.	Atenção leitora. Ter consciência do valor de saber interpretar adequadamente um texto. Atender à ideia central ou principal do texto. Ter uma ideia do que significa narrar.	Dado: um texto de X parágrafos/páginas; de dificuldade léxica/sintática média. Elaborar em três parágrafos (em X minutos) uma informação compreensível para qualquer colega de classe sobre o que foi lido. O interlocutor deverá compreendê-lo. Grau de precisão no emprego do léxico.

Atividades de aprendizagem propostas		
Atividades a realizar Problema a resolver (sequenciação)	Materiais utilizados Recursos, situações	Tempo
1)	1)	
2)	2)	

Para ajudar na compreensão dos componentes de uma competência e facilitar seu planejamento, proponho o modelo do quadro 3 como exemplo de um referencial operacional. Obviamente, para resolver ou complementar o quadro não é preciso, necessariamente, seguir o mesmo esquema.

Esse planejamento deve servir para que o aluno desenvolva as dimensões reflexivas acerca da proposta específica de trabalho apresentadas no quadro 4.

Quadro 4. Dimensões da reflexão do aluno diante das propostas de atividade	
Dimensões da ação do estudante	
Planejamento, previsão (pró-ação)	Elaboração do plano de ação: O que fazer? Por quê? Como? Como me envolverei? Como entendo a situação/o problema?
Desenvolvimento, execução (na ação)	Autoavaliação do processo: O que estou realizando? Por quê? O que estou compreendendo? Como estou me envolvendo? Qual está sendo o resultado?
Revisão, recuperação (retroação)	Autoavaliação dos resultados: O que realizei? Por quê? O que entendi? Como fiz isso/como me envolvi? O que eu melhoraria com relação a...?

Fonte: Rué, 2009b.

Nesse enfoque do planejamento de trabalho, observamos como o desenvolvimento da competência proposta requer, inevitavelmente, alguns conteúdos específicos, alguns procedimentos e certas atitudes e valores. Isso não só não diminui o valor dos conteúdos, mas também os potencializa e lhes confere relevância aos olhos de quem está se formando, assim como aos olhos de quem os emprega em sua tarefa formativa, o professor.

Por outro lado, a seleção de tais conteúdos e o modo de empregá-los derivarão dos requisitos da competência proposta e serão definidos em função das características dos alunos e de sua relação com ela, de sua experiência prévia, da dinâmica de trabalho, do tempo disponível etc. Nesse sentido, com base nessa perspectiva, os professores podem assumir uma dimensão mais profunda para a sua função docente.

Porém, em última instância, não se deve perder de vista que dois dos aspectos mais cruciais para os docentes que desejam trabalhar por meio de competências serão a imaginação e a seleção de um núcleo de experiências e de atividades relevantes, complexas e integradoras das competências-chave que almejam promover ou desenvolver junto aos alunos.

Em quarto lugar, para ter certeza de que o trabalho está avançando ou de que os alunos progrediram no domínio das competências, é necessário prever uma proposta de avaliação. Isso é o que analisaremos no próximo item.

Avaliar as competências propostas

A avaliação das competências trabalhadas desempenha um papel fundamental em sua introdução e seu desenvolvimento nas aulas. Ao contrário do que costuma sugerir a crença ingênua de que toda competência enunciada – assim como todo conteúdo programático – será alcançada pelos estudantes somente por ter sido prevista e trabalhada, a avaliação nos dará a medida de quantos alunos a desenvolveram, como e em que grau. De acordo com esse argumento, os modelos de avaliação em competências podem, sim, ser úteis:

• a base para o seu desenvolvimento não é constituída somente pelas disciplinas acadêmicas e pelo saber conceitual (factício) e/ou procedimental vinculado a elas;

- sua aprendizagem não é abordada de modo fragmentado, intervindo sobre apenas uma de suas dimensões – o *saber*, o *saber estar* ou o *saber fazer;*
- um enfoque de ensino é desenvolvido mediante a perspectiva da "ação". Ou seja, é adotada, como referência para esse desenvolvimento, determinada situação de experiência ou problemática do conhecimento, de caráter relativamente complexo e adequado ao nível no qual se encontram os alunos;
- são adotados referenciais claros para detectar o nível de desenvolvimento desejado, isto é, considera-se até onde se pretende chegar e em que condições. Esta última consideração merece ser ampliada nos itens posteriores.

Planejar a avaliação

Em um planejamento da avaliação, é interessante considerar os seguintes aspectos:

- os objetivos de conquista (o que desejamos que ocorra, até onde for possível), as características do problema e da organização geral da atividade de avaliação;
- os conceitos e procedimentos básicos a serem desenvolvidos nela;
- os critérios de sucesso acadêmico, necessários para analisar os progressos e os objetivos atingidos por meio de uma atividade de controle.

Imaginemos uma competência qualquer que desejamos desenvolver ao longo de dois anos acadêmicos. Suponhamos também que, para cada período, estabeleçamos um nível de exigência superior ao anterior. Então, o próximo quadro poderia ser um exemplo de instrumento de planejamento dessa competência. As situações ou atividades de prova poderiam ser retocadas ou reorganizadas se a proposta inicial não fosse adequada, ou de acordo com as expectativas iniciais, ou com as situações de desenvolvimento real concretizadas na sala de aula.

Quadro 5. O planejamento da avaliação de uma competência				
Critérios para analisar a formulação de uma competência específica: interpretar um texto e explicá-lo brevemente.	**Saber** Fatos Dados Referenciais	**Saber fazer** Procedimentos Habilidades	**Estar** Atitudes Valores	**Proposta de avaliação** Contexto e nível de sucesso desejado ou requisitado
Situação/atividade de verificação *Nível de exigência 1*				1º semestre
Situação/atividade de verificação *Nível de exigência 2*				2º semestre
Situação/atividade de verificação *Nível de exigência 3*				3º semestre
Situação/atividade de verificação *Nível de exigência 4*				4º semestre

Decidir critérios de atribuição de valor

A noção de que toda competência é observável e avaliável, sustentada invariavelmente por correntes de pensamento enraizadas em valores e opções de natureza behavioristas, é causa de muita confusão.

Efetivamente, nem toda competência é sempre observável para

determinados graus de conquista, tampouco facilmente avaliável, especialmente as mais complexas. Se isso não for considerado, corre-se o risco de definir o nível de conquista pelo defeito, por meio *apenas* do que é facilmente observável e avaliável. Do mesmo modo, por exemplo, que se pode confundir o saber real do aluno com o que é percebido por meio de suas respostas em uma prova padrão tipo teste. É quando se confunde a medida da convenção sobre o *saber* (reunido na prova teste) com a medida de um fato real mais complexo, o que realmente se sabe, avaliado apenas parcialmente.

Dotar-se de instrumentos para avaliar

Um exemplo desse tipo de instrumento podem ser as técnicas de classificação[8], que servem para definir as expectativas e analisar as conquistas alcançadas.

Lembremos o exemplo de competência anterior e vejamos como decidir sua avaliação para um dos semestres que comentamos anteriormente. Na coluna da esquerda, foram detalhados os possíveis elementos constituintes ou os critérios de conteúdo para a avaliação de tal competência. As três colunas centrais incluem os referenciais polarizados entre algumas supostas conquistas mínimas e algumas conquistas máximas. Entre ambas as colunas há uma escala de valores de cinco pontos: 1 seria pouco e, portanto, próximo dos valores mínimos; 5 seria o valor máximo, como indicador da conquista máxima requisitada.

---

8. Do inglês *rubric*, que significa algo que já foi classificado, normatizado etc. Trata-se de uma técnica de avaliação por meio de folha de especificação de valores ou planilha de valores para avaliação. Para mais informações, consulte o site http://rubistar.4teachers.org.

VALÉRIA AMORIM ARANTES (ORG.)

Quadro 6. Modelo de avaliação

No final do ano acadêmico os alunos deveriam saber interpretar um texto e explicá-lo brevemente (avaliação correspondente ao 2º semestre)

		1 2 3 4 5	
Sabe interpretar um texto lido.	Interpreta de modo vago.	☐ ☐ ☐ ☐ ☐	Interpreta com precisão.
Consulta dicionário.	Consulta esporadicamente, trabalha rápido, sem verificações.	☐ ☐ ☐ ☐ ☐	A consulta é completa. Verifica, repassa.
Emprega técnicas de síntese e de resumo textuais.	Utiliza adequadamente uma técnica.	☐ ☐ ☐ ☐ ☐	Utiliza diversas técnicas.
Explica o texto...	Enfoca o problema, o tema nos seus aspectos básicos.	☐ ☐ ☐ ☐ ☐	Identifica as ideias centrais e as desmembra uma por uma.
... oralmente...	Resolve a síntese em termos compreensíveis.	☐ ☐ ☐ ☐ ☐	Emprega um registro oral correto, adequado à audiência.
... por escrito...	Apresenta nível ortográfico e sintático básicos.	☐ ☐ ☐ ☐ ☐	Apresenta níveis apropriados para a idade ou série.
... a um interlocutor/numa audiência.	Expressa-se corretamente, ao menos diante de um interlocutor.	☐ ☐ ☐ ☐ ☐	Move-se em dois cenários de interlocução: diálogo e apresentação diante de um grupo.

Naturalmente, os critérios anteriores são um exemplo entre os possíveis. Os professores que aderirem a essa proposta deverão explicitar os próprios critérios avaliadores em função de seus objetivos de conhecimento, do nível alcançado por seu grupo de aula, das expectativas com respeito a esse grupo etc.

Esse instrumento pode ser ainda mais detalhado, especialmente para que se consiga maior precisão na escala dos cinco valores. Para tanto, é aconselhável que se reúnam amostras do trabalho dos alunos e se faça um exercício de classificação destes em cinco sub–

grupos, da menor resolução até uma resolução considerada boa. Tais exemplos abririam espaço para possíveis especificações de valor mais de acordo com o que é possível realizar nesse contexto, que deve ser revisado periodicamente. Essa análise é mais acertada quando é realizada com outros colegas professores. Seu desenvolvimento pode ser feito ao longo de alguns anos, por exemplo.

Esse recurso de avaliação traz também a necessidade de considerar o processo de desenvolvimento da competência desejada e conscientizar os alunos disso. Ele adquire propriedade formativa à medida que os professores, conforme têm ideias mais precisas, podem observá-las e explicá-las melhor aos seus alunos, e estes adquirem, assim, uma noção mais correta acerca de como devem trabalhar. Finalmente, à medida que esteja bem especificado, tal recurso pode ser utilizado diretamente pelos alunos para a autoavaliação, o que, por sua vez, incide sobre a melhora da aprendizagem.

O portfólio[9]

O portfólio constitui outro recurso que amplia e concretiza o que acaba de ser manifestado. A aprendizagem envolve, de algum modo, quem aprende, de acordo com a maneira como a pessoa processa os distintos tipos de conhecimento, atendendo ao seu grau de complexidade.

Porém, é possível afirmar também que não se consegue uma verdadeira aprendizagem sem certa atitude de compromisso, de confiança, uma forma de fazer ou trabalhar com base nas próprias capacidades. Portanto, um dos maiores problemas apresentados aos

---

9. Excerto revisado de Rué, 2008b.

docentes é como gerar no aluno um sentimento de pertencimento, de compromisso com o que faz. Por esse motivo, a reflexão é indispensável nesse processo de estruturação e de consolidação do que é aprendido e serve, fundamentalmente, não tanto para saber mais, mas para saber melhor.

O aluno, a pessoa que aprende e confere sentido ao processo que realiza, propõe a nós docentes alguns desafios importantes: como ele se comprometerá melhor com o que faz? Como planejará melhor? Como aprenderá melhor do que já fez? Como melhorar essa aprendizagem? Como depurar mais aquilo que vai acumulando? Como distinguir melhor um procedimento do outro, os que dão melhores resultados dos que não o fazem? Como situar as aprendizagens em um contexto mais apropriado?

Consequentemente, um aluno aprenderá mais e melhor à medida que receber melhores orientações e recursos e tiver possibilidades de responder às diversas perguntas no decorrer do que lhe é proposto.

O portfólio é uma ferramenta que está à disposição do aluno para organizar e processar a própria aprendizagem. Como seu nome indica, é um arquivo intencionado das diversas produções do aluno, orientado pelo professor. Seu interesse está basicamente no fato de que permite reunir, organizar, documentar e avaliar, com exemplos diversos, aquelas amostras mais representativas do trabalho do aluno. Portanto, facilita o autocontrole e a regulação do próprio aprendizado. Nesse sentido, um portfólio deve admitir erros, ensaios, propostas inacabadas e pautas de avaliação, justamente para que o aluno possa voltar sobre o trajeto percorrido, sobre o processo de elaboração que foi seguido para determinada aprendizagem. Também pode ser empregado, como objetivo secundário, para funções de avaliação dos trabalhos ou aprendizagens realizados, finalidade que deve passar para segundo plano a fim de que não se inutilize ou neutralize a finalidade principal.

Para que serve então o portfólio? Com relação ao que se acaba de argumentar, para que o aluno possa processar e regular melhor o conhecimento recebido. Nele pode estar refletido tudo que foi realizado na aquisição e na conquista de determinado nível de competência e as sucessivas avaliações e propostas de melhora. O tipo de portfólio proposto pode ser mais ou menos extenso, estar organizado com maior ou menor liberdade. Pode ser útil para classificar os trabalhos de maneira mais ou menos sistemática; incluir motivações, opiniões ou reflexões mais ou menos elaboradas por parte do próprio aluno. Porém, não pode fugir de nenhuma das propriedades básicas que o definem, não importa o grau a que se refiram.

Embora as características da ferramenta − e das suas funcionalidades − variem em função do tipo de aluno ao qual se dirige, ou do tipo de documentação que se deseja reunir e sistematizar, é fundamental atentar para o fato de que qualquer tipo de aluno é capaz de administrar o próprio portfólio, sempre que estiver de acordo com seus traços ou suas características de aprendizagem.

Os objetivos que podem ser incorporados a um portfólio, por serem muito diversos, poderiam ser sintetizados em três, entendidos ao longo dos três momentos de trabalho descritos: em sua concepção inicial, durante seu desenvolvimento e uma vez que é considerado finalizado.

- que o aluno compreenda o que está fazendo e por quê: o trabalho, seu sentido, sua estrutura, seus momentos e tempos, o registro dos dados, os ensaios realizados, as sínteses etc.;

- que entenda o modo como resolve tal trabalho e, eventualmente, como poderia melhorá-lo: como escreve, como opera, como organiza, que recursos utiliza, os ensaios de que precisa, que tipo de erro é mais frequente etc.;
- que compreenda quais são as suas atitudes e a sua percepção diante do trabalho: com que rapidez o executa, que tipo de reflexão lhe foi necessária, como se envolveu nesse trabalho, que avaliações mereceu seu desenvolvimento no decorrer do trabalho etc.

A introdução dessa ferramenta gera diversas reflexões derivadas dos processos de ensino e aprendizagem, que explicam por que a considerei estratégica. Descreverei brevemente as de maior interesse:

- permite um diálogo em profundidade entre professor e aluno sobre questões relativas ao modo de trabalhar e de aprender que são centrais para a sua aprendizagem;
- faz que os professores promovam uma reflexão acerca do modo de aprender que geram por meio do seu enfoque de ensino;
- faz que as metodologias empregadas nas aulas sejam consideradas uma variável importante da aprendizagem, posto que o portfólio é um reflexo delas;
- gera uma visão mais qualitativa e amplificada do processo de atribuição de valor que denominamos avaliação das aprendizagens;
- potencializa a autonomia do aluno, tanto no planejamento e no desenvolvimento de seus trabalhos quanto no fortalecimento de sua capacidade de julgamento sobre aquilo que faz, potencializando sua autonomia.

Epílogo

Muitos professores podem ver essa proposta como uma importante turbulência burocrática em relação àquilo que já estão realizando e, consequentemente, podem desenvolver uma atitude de desconfiança para com ela, quando não uma resistência explícita ou, pior, uma resistência velada.

Em muitos lugares vimos que durante a introdução dessa proposta diversos fatores se mostram contrários – entre eles, fatores de ordem cultural, porém também aqueles de ordem técnica e prática, que de nenhuma forma devem ser desdenhados nem omitidos ou esquecidos. Lembremos que a denominamos uma proposta pedagógica *em construção*, ainda em muitos lugares, e que ela não é uma solução por si mesma – como nenhuma outra – para toda a complexidade educacional.

Pois bem, se a proposta está enraizada nas características e requisições do contexto ao qual é aplicada, se é trabalhada com base na argumentação e no convencimento, aprofundada em sua lógica e trabalhada mediante o próprio desenvolvimento, ela pode incrementar a solidez e o grau de relevância da formação que são oferecidos a determinado grupo de alunos.

Devemos lembrar também que a relevância do modelo de competências não será proveniente apenas de um acordo inicial entre especialistas, alheio ao saber e ao sentir dos profissionais, por mais interessante ou atrativa que pareça essa proposta. Seu verdadeiro grau de relevância virá do fato de o modelo de competências ser introduzido na formação, atendendo, entre outros aspectos, às seguintes orientações:

Por parte dos professores

- saber que sua introdução pode ajudar no aprofundamento da aprendizagem dos alunos;
- ser prudente em sua aplicação;
- desenvolver as competências de modo funcional;
- introduzi-las progressivamente;
- aprender com a própria aplicação;
- coordenar-se em equipes de aplicação da proposta;
- dedicar-lhe reflexão e aprendizagem compartilhadas;
- estabelecer um procedimento para o ajuste, a revisão e a atualização das propostas.

Por parte dos gestores

- ser claro quanto aos conceitos e referenciais empregados;
- dar apoio especializado aos docentes em vez de ordens;
- estender e divulgar as boas experiências;
- ser persistente no processo de introdução e ter paciência.

Glossário de termos relacionados com o conceito de competências

Nas linhas seguintes, proponho um breve glossário relacionado com a noção de competências para que os leitores tenham uma compreensão mais clara do sentido em que os termos são utilizados no texto anterior. Em sua definição, atenho-me aos significados mais comuns. O leitor deverá aceitar a polissemia dos diferentes termos como um fato, o que o obrigará a criar a própria convenção sobre os diversos significados.

Atitudes – Disposições psicológicas adquiridas para a ação; disposição de ânimo, de ordem emocional, intuitiva e cognitiva, que predispõe, positiva ou negativamente, o indivíduo a determinada ação. As atitudes frequentemente são associadas com os *valores*, entendidos como os referenciais éticos, profundos, que guiam ou conferem sentido a determinadas atuações do indivíduo diante de si mesmo e dos demais.

Adestramento – Embora possa dar margem a condutas muito precisas, é uma modalidade de formação elementar devido ao fato de estar centrada no modelo da conduta do sujeito adestrado. Não considera nem os aspectos emocionais nem os de ordem cognitiva superior que possam intervir em tal conduta. O adestramento é orientado para a automatização da conduta e pode ser exercido tanto com animais quanto com humanos. Ele limita ou anula a autonomia do sujeito. Certas modalidades de informação básica podem ser consideradas adestramento.

Aptidões – Conjunto de disposições naturais ou aprendidas pelo indivíduo que o predispõem para determinada ação. As aptidões são demonstradas por meio da ação, das diferentes estratégias, dos recursos e dos procedimentos dos quais um sujeito é capaz de lançar mão em um campo ou numa atividade determinada. Nesse sentido, são qualidades pessoais que podem ser reconhecidas pelos demais como formas de idoneidade para o exercício de uma atividade. Mostrar determinada aptidão é revelar uma forma de capacitação.

Capacidades – São o conjunto de disposições naturais ou próprias de um indivíduo. O conceito funciona como uma metáfora acerca das propriedades de um indivíduo, mas também acerca de suas limitações. Com efeito, toda capacidade remete ao continente, ao espaço físico sempre limitado que recebe todo conteúdo, nesse caso as propriedades do indivíduo. Quanto menos capacidade, menos propriedades; e vice-versa. Tal noção foi empregada para classificar e ordenar as pessoas em função da "capacidade" atribuída a elas pela escola. Nesse sentido, é uma metáfora de "conotações pessimistas" sobre o valor da formação, pois refere-se a algo objetivo que não pode se desenvolver mais do que permite determinada capacidade. É uma metáfora com conotação de sentido religioso e ativamente assumida a partir do calvinismo e da sua teoria sobre o destino. Sua utilização ideológica, historicamente, legitimou as diferenças e a ordem sociais. Em sua ordem de prioridade, destaca-se o aspecto biológico acima do cultural e do social. Seu emprego no campo da educação também legitimou modelos formativos disfuncionais, ineficientes, porém seletivos socioculturalmente. Dito isso, a noção de capacidade pode ser empregada também como modalidade de capacitação: *ter ou mostrar a capacidade de...*

Capacitação – É a formação ou experiência necessária e reconhecida para o exercício de determinadas tarefas ou atividades previamente definidas. A capacitação obedece a regras sociais, institucionais ou trabalhistas. Alguém está capacitado quando isso pode ser demonstrado em função de normas e critérios socialmente admitidos: *quando é capaz de...*

Competências-chave – Na proposta da OCDE, conjunto consensual de famílias ou campos de competência que servirão para dar o reconhecimento de uma formação básica aos cidadãos. Substitui a noção de *competências básicas* porque o termo "básico" tem maior correspondência com determinado nível de conquista dessas competências, acrescido do problema de que é um termo de referência muito vago e de pouca utilidade como valor formativo comparado.

Competências transversais – Aquelas que, uma vez dominadas de maneira preferencial e específica em determinado âmbito ou contexto, o indivíduo pode empregar em suas atividades em outros campos. Em contraposição, por *competências específicas* são entendidas aquelas que se aprendem no contexto de determinada disciplina ou campo de conhecimento. É uma distinção útil para os programadores. O problema do termo está no fato de que toda competência aprendida é uma competência específica para quem a aprende, independentemente do seu potencial de transferência. O que é verdadeiramente transversal é a formação desenvolvida, e não uma competência determinada.

Competências finais – O conjunto das competências propostas para serem alcançadas pelos alunos em determinado ciclo ou etapa educativa. Constituem o "perfil" da formação, intrínseco a essa etapa ou ciclo.

Conhecimentos – Estão associados à ordem do que é cognitivo. Em um enunciado rápido, é possível dizer que podem ser considerados como tais as informações, os fatos etc. (o saber o quê);

as estratégias e os procedimentos (o saber como); e as narrações, as teorias, os marcos de referência etc. que explicam e conferem sentido (o saber por quê).

Destrezas – Atuações pessoais de ordem procedimental e psicomotora que comumente são associadas a atividades que requerem habilidades muito básicas. Na linguagem comum no campo da formação, as destrezas não estão associadas ao uso de recursos cognitivos, embora haja destrezas de alto nível, como as que pode ter um cirurgião ou um artista. Destrezas leitoras ou numéricas, por exemplo, estão relacionadas a uma alfabetização elementar.

Habilidades – Conjunto de recursos e destrezas cognitivas, emocionais e psicomotoras que são necessários para o desenvolvimento de determinada atividade. As habilidades são aprendidas. Historicamente elas foram consideradas destrezas motoras, embora haja habilidades de alto nível de complexidade.

Procedimentos – Recursos aprendidos que são empregados para resolver ou desenvolver uma situação problemática determinada, um processo ou uma ação. São de natureza estratégica (por quê, para quê). Os procedimentos (saber fazer) têm um forte componente racional cognitivo. Podem ser confundidos com as destrezas, quando não se compreende o que foi colocado anteriormente. Também ocorre o mesmo com as habilidades, quando se lhes atribui um nível cognitivo importante. Habitualmente, os procedimentos possuem menos conotações emocionais que as habilidades. As destrezas, as habilidades e os procedimentos são entendidos como formas de *saber fazer*.

Anteriormente eu me referi ao conceito de competência como uma forma de saber complexa, que conjuga diversos potenciais e recursos humanos em dado contexto. A metáfora de "competência", ao contrário da noção de capacidade, parte da noção da engenharia dos "sistemas abertos", como uma forma aprendida de saber, que requer apoios culturais e sociais para se manifestar e se desenvolver.

O mapa conceitual que proponho e sob o qual estariam ordenados os termos anteriores, em sua relação com o conceito de competência, seria o seguinte:

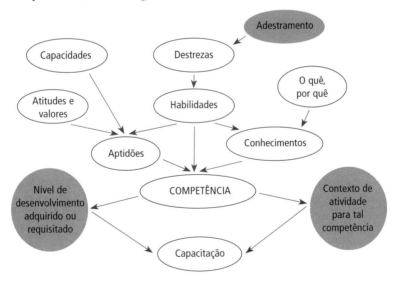

Referências bibliográficas

Bruner, Jerome. "The act of discovery". In: *Essays from the left hand*. Cambridge: Harvard, 1979.

Comisión Europea. *Competencias clave para un aprendizaje a lo largo de la vida: un marco de referencia europeo*. Puesta en práctica del programa de trabajo Educación y Formación 2010. Grupo de trabajo B – Competencias clave. Comisión Europea. Dirección General de Educación y Cultura 2004. Disponível em: <http://www.educastur.princast.es/info/calidad/indicadores/doc/comision_europea.pdf>. Acesso em abr. 2009.

Denyer, Monique *et al. Las competencias en la educación: un balance*. Cidade do México: Fondo de Cultura Económica, 2007.

Elliott, J. *El cambio educativo desde la investigación-acción*. Madri: Morata, 1993a.

———. *La investigación-acción en educación*. Madri: Morata, 1990.

———. "The relationship between 'understanding' and 'developing' 'teachers' thinking". In: Elliott, J. (org.). *Reconstructing teacher education*. Londres/Washington: Falmer, 1993b.

Eraut, Michael. *Developing professional knowledge and competence*. Londres: Falmer, 1994.

Gimeno Sacristán, J. *La pedagogía por objetivos, una obsesión por la eficiencia*. Madri: Morata, 1982.

Kolb, David A. *Experiential learning*. Englewood Cliffs: Prentice-Hall, 1984.

Le Boterf, G. *Construire les compétences individuelles et collectives*. Paris: Éditions d'Organisation, 2001.

OCDE, *La definición y selección de competencias clave – Resumen ejecutivo*. Organización para la Cooperación y el Desarrollo Económico (OCDE)/ Agencia de los Estados Unidos para el Desarrollo Internacional (USAID), 2004. Disponível em: <http://www.deseco.admin.ch/bfs/deseco/en/index/03/02.html>. Acesso em abr. 2009.

Rué, Joan. *Aprender en autonomía en la universidad*. Madri: Narcea, 2009a.

EDUCAÇÃO E COMPETÊNCIAS: PONTOS E CONTRAPONTOS

————— . "El portafolio del alumno, herramienta estratégica para el aprendizaje". *Aula de Innovación Educativa*, Barcelona, n. 169, 2008b, p. 29-33.

————— . *Enseñar en la universidad*. Madri: Narcea, 2007.

————— . "Formar en competencias en la universidad, entre la relevancia y la banalidad". *Red U – Revista de Docencia Universitaria*. Murcia, año II, número monográfico 1. 15 abr. 2008a. Disponível em: <http://www.um.es/ead/Red_U/m1/rue.pdf>. Acesso em jul. 2009.

————— . *La autonomía en el aprendizaje en la universidad*. Madri: Morata, 2009b.

SCHÖN, Donald Alan. *La formación de profesionales reflexivos: hacia un nuevo diseño de la enseñanza y aprendizaje en las profesiones*. Barcelona: Paidós/MEC, 1992.

SENNET, Richard. *El artesano*. Barcelona: Anagrama, 2009.

STENHOUSE, Lawrence. *La investigación como base de la enseñanza*. Madri: Morata, 1987.

————— . *La investigación-acción en educación*. Madri: Morata, 1990.

WINTERTON, Jonathan; DELAMARE-LE DEIST, Françoise; STRINGFELLOW, Emma. *Typology of knowledge, skills and competences: clarification of the concept and prototype*. Luxemburgo: Centre for European Research on Employment and Human Resources (Cedefop); Groupe ESC Toulouse, 2005. Disponível em: <http://www.ecotec.com/europeaninventory/publications/method/CE-DEFOP_typology.pdf>. Acesso em abr. 2007.

Professores e competência – Revelando a qualidade do trabalho docente

Maria Isabel de Almeida

Introdução

Ser hoje um bom professor ou uma boa professora não é fácil! O contexto das escolas, e especialmente das salas de aula, mostra-se profundamente desafiador. Muito se fala na necessidade de responder às demandas contemporâneas que adentram a escola, representadas: *i)* nas vivências trazidas pelos alunos com base nos novos conhecimentos adquiridos no cotidiano familiar e social, especialmente no campo das tecnologias da informação; *ii)* nas demandas do mundo do trabalho, que vêm se transformando rapidamente e estão impregnadas pela lógica da produtividade e do consumo; *iii)* nas necessidades sociais, que se tornam significativamente mais complexas.

A qualidade do ensino oferecido às crianças e jovens tem sido muito discutida, especialmente nos momentos em que se tornam públicos os resultados das avaliações nacionais ou estaduais, que têm se mostrado muito desanimadores. Em meio a essa discussão, o professor tem figurado como pivô de tais resultados e, na maioria das vezes, é responsabilizado pelo insucesso da escola. Essa tendência é entendida por Sacristán (1999, p. 63) como sintoma de uma "hiper--responsabilização dos professores em relação à prática pedagógica e à qualidade do ensino, situação que reflete a realidade de um sistema escolar centrado na figura do professor como condutor visível dos processos institucionalizados de educação".

Sem deixar de reconhecer a multiplicidade de fatores envolvidos nessa problemática, que passam pelas políticas educacionais em vigor, com repercussão na infraestrutura e na gestão das escolas, nas condições de trabalho, salário e carreira e na formação continuada dos professores, e são portanto vitais para um ensino de boa qualidade, nosso propósito aqui é discutir o território próprio da ação docente e as tensões que constituem o campo profissional da docência.

Os elementos essenciais da ação dos professores com seus alunos têm sido insistentemente debatidos por especialistas, órgãos normativos dos sistemas de ensino, sindicatos e, especialmente, pelos próprios professores. Desse movimento têm surgido algumas iniciativas que buscam estabelecer, de forma impositiva, o que os professores devem fazer para alterar os resultados escolares, deixando de lado o conjunto de fatores que pesam negativamente no modo de realizar o trabalho em sala de aula, bem como a importância da apropriação que os professores precisam desenvolver a respeito do contexto e de seus problemas. Ao mesmo tempo que as políticas educacionais buscam intervir para "padronizar" a prática pela difusão e imposição de regras ditas eficazes, minimiza-se a dimensão das condições de trabalho e salário e cresce o desprestígio social do trabalho docente.

Nossa intenção é radicalmente oposta a essa perspectiva. Acreditamos que os professores são necessariamente os construtores pedagógicos do ensino realizado nas escolas. Para isso, devem passar por um processo de formação que ofereça uma sólida base de compreensão do próprio trabalho como fenômeno complexo e contextualizado socialmente, com uma profunda compreensão da dimensão humana do seu fazer profissional, bem como um conhecimento científico, técnico, tecnológico e pedagógico. Portanto, as mudanças que se fazem necessárias na escola em decorrência das transformações sociais precisam contar com a participação dos professores, já que serão eles que as efetivarão no interior das salas de aula.

Não tem sido assim em nosso país. Em vez de investir num processo compartilhado de análise e construção de proposições capazes de responder às dificuldades educativas, que dialogue com os resultados de estudos e pesquisas e com as experiências das equipes pedagógicas das escolas, as políticas educacionais formuladas nas últimas décadas têm se caracterizado por aderir a objetivos e diretrizes formulados por organismos internacionais, dentre os quais se destaca a de realização do ensino centrado no desenvolvimento de competências.

Com a pretensão de introduzir uma inovação no campo do ensino, os formuladores dessas políticas lançam mão da noção de competência sem esclarecer suas bases conceituais ou o significado que lhe é atribuído. O conceito aparece em excesso em quase todos os textos legais das duas últimas décadas e vem constituindo um verdadeiro *slogan,* marcado por uma positividade que encobre os múltiplos sentidos que podem lhe ser atribuídos, e, por ser extremamente versátil, aparece ligado ao ensino, à avaliação, à gestão.

Pretendemos aqui aprofundar a compreensão a respeito dos significados e usos que a noção de competência vem tendo e problematizar os modos como as políticas educacionais a têm incorporado. Somamo-nos ao esforço que muitos vêm empreendendo nessa direção, pois desnudar um pouco mais esse conceito significa ampliar o debate a respeito de um ponto central da educação contemporânea. Esperamos que esse debate se faça especialmente com os professores que enfrentam cotidianamente o desafio de realizar seu trabalho com base nos parâmetros estabelecidos pela pedagogia das competências.

O surgimento da noção de desenvolvimento por competências e suas implicações no contexto atual

A noção de "competência" tem estado presente com força considerável nos discursos sobre várias dimensões da vida humana, em especial as que se referem ao trabalho, à formação, à educação e ao ensino. Sua origem é bastante antiga. Segundo Bronckart e Dolz (2004), ela apareceu na França, no final do século XV, para legitimar a autoridade conferida às instituições que cuidavam de problemas sociais, como os tribunais. Rey (2002) também atribui ao campo jurídico o âmbito do seu aparecimento, servindo para assegurar o direito de um campo de jurisdição em conhecer uma causa, fixando seus limites. Em seu percurso evolutivo, passou também a designar no século XVIII as capacidades individuais decorrentes do saber e da experiência. Ropé e Tanguy (1997) ressaltam que desde o início do século XX já se considerava a competência como inseparável da ação.

Bronckart e Dolz (2004), em estudo sobre o desenvolvimento

EDUCAÇÃO E COMPETÊNCIAS: PONTOS E CONTRAPONTOS

histórico desse conceito, destacam alguns dos principais momentos que marcaram sua apropriação pelo território das ciências humanas. Para eles o início dessa apropriação deu-se com Chomsky, que propôs na metade do século passado a ideia de competência linguística para expressar a compreensão de que o aprendizado da língua decorre da disposição de linguagem inata e universal, responsável pela aquisição das estruturas e unidades linguísticas de modo rápido pelas crianças. Ele batia-se contra a perspectiva behaviorista de que o aprendizado da linguagem era fruto de uma sucessão de tentativas e erros, condicionamentos e reforços.

Na década de 1970 a psicologia experimental dá mais um passo nessa apropriação ao ampliar a compreensão de Chomsky e propor que todas as funções psicológicas superiores (atenção, percepção, memória, dentre outras) são sustentadas por dispositivo biológico inato correspondente a uma competência − o que fez que a inteligência passasse a ser definida como a soma de diversas competências.

Ainda nessa mesma década, a discussão no campo da linguística aponta para a ideia de que a competência para aprender a língua não é dada biologicamente, constituindo capacidade adaptativa e contextualizada − o que requer um processo de aprendizagem social, fazendo que o ensino desenvolva as competências de comunicação.

Já nas décadas de 1980 e 1990 o conceito de competência ganhou outra dimensão e passou a ser o articulador dos processos de formação profissional, instaurando certo confronto com o conceito de qualificação, até então o organizador e normatizador desse processo formativo para o trabalho, pois considera-se que os conhecimentos certificados não são mais suficientes para preparar os futuros trabalhadores. A ideia de desenvolvimento de competências é então colocada como sucessora da de qualificação profissional. Se a qualificação se constitui por meio da formação inicial, consagrada pelo título que habilita para o exercício profissional, as competências estão associadas às qualidades do indivíduo e requerem um conjunto de habilidades a ser desenvolvidas. Le Boterf (2003, p. 16) reconhece esse movimento ao afirmar que "as noções de competência e profissionalismo parecem mais adaptadas à gestão da mobilidade profissional do que àquela de qualificação, mais apropriada a um contexto de estabilidade das profissões".

As transformações tecnológicas e organizativas do trabalho que vêm ocorrendo nos países de capitalismo avançado têm contribuído para reconfigurar o mundo produtivo por meio de algumas características marcantes:

> flexibilização da produção e reestruturação das ocupações; integração de setores da produção; multifuncionalidade e polivalência dos trabalhadores; valorização dos saberes dos trabalhadores não ligados ao trabalho prescrito ou ao conhecimento formalizado. (Ramos, 2001, p. 51)

Essa nova pauta instaurada pela reestruturação produtiva, fruto da incerteza que assola a economia e as empresas, impactou significativamente o campo da formação profissional, uma vez que os trabalhadores passaram a ser pressionados pela tendência da desespecialização (seus saberes passam a ser incorporados pelos sistemas de computadores), e o trabalho passou a ser marcado pela precarização das regras de acesso e permanência no mercado de trabalho (desregulamentação e flexibilização das relações). Diante desse cenário, é possível constatar que a ideia de desenvolvimento de competências tem se transformado num verdadeiro *slogan* e vem associada às demandas e interesses do poder econômico e a um projeto de desregulamentação neoliberal, o que explicita seus objetivos sociopolíticos.

Com conotação individual, essa ideia acaba por abstrair o sujeito do contexto social e aparece articulada à ideia de empregabilidade, num momento em que a reconfiguração das relações de trabalho – traduzida na perda dos direitos trabalhistas, na redução do custo com a força de trabalho e na terceirização de atividades – tem impacto direto na capacidade de inserção dos trabalhadores no mercado de trabalho. Não há mais espaço para os direitos coletivos nem para os direitos formais, disciplinados legalmente com a participação dos organismos de representação de classe (Ramos, 2001). A mesma problemática é analisada por Isambert-Jamati (1997, p. 107), para quem no mundo empresarial contemporâneo a busca das competências já não está mais ligada à formação inicial, podendo estas ser "adquiridas em empregos anteriores, em estágios longos ou breves, de formação contínua, mas também em atividades lúdicas, de interesse público fora da profissão, atividades familiares etc." A autora reafirma também o seu caráter individual e a inexistência da dimensão solidária, uma vez que as competências não pertencem a uma categoria formalizada, que possa reivindicar direitos para todos os seus integrantes.

De acordo com Le Boterf (2003, p. 168), uma "evolução começa a se desenrolar diante de nossos olhos. É uma evolução lenta, mais ou menos como as placas tectônicas: só se percebe sua importância depois". Em face desse cenário e partilhando dessa constatação, pensamos ser de grande significado uma leitura crítica e rigorosa sobre o que acontece no mundo contemporâneo e afeta radicalmente a vida social e, por decorrência, o universo da escola. Como já dissemos, essas transformações ocorrem sob a tutela dos interesses políticos e econômicos hegemônicos, que buscam influenciar a formação para adaptar as pessoas à "sua realidade", de modo que elas sejam aptas para responder a situações de trabalho em constante transformação.

Mas cabe indagar: será que há somente um caminho possível para o reposicionamento da sociedade diante das mudanças em curso? Essa é uma das questões que nos recepcionam neste início de século!

Se as transformações sociopolíticas contemporâneas cobram a reconfiguração das relações sociais, estamos caminhando sobre o fio da navalha, o que em outras palavras significa cuidar para que a lógica de mercado não seja a definidora dos objetivos e valores que orientarão o necessário esforço de reformulação de um projeto político-educacional. Nas palavras de Milton Santos (1999):

> Hoje, sob o pretexto de que é preciso formar os estudantes para obter um lugar num mercado de trabalho afunilado, o saber prático tende a ocupar todo o espaço da escola, enquanto o saber filosófico é considerado como residual ou mesmo desnecessário. [...] Corremos o risco de ver o ensino reduzido a um simples processo de treinamento, a uma instrumentalização das pessoas, a um aprendizado que se exaure precocemente ao sabor das mudanças rápidas e brutais das formas técnicas e organizacionais do trabalho exigidas por uma implacável competitividade.

A noção de desenvolvimento de competências no campo da educação

O contexto que envolve a forte presença da ideia de desenvolvimento de competências que acabamos de pontuar traz para o campo da educação a importância de discutir os modos de sua apropriação realizados pelas reformas educativas.

Nos últimos trinta anos o conceito de competências tem tido

EDUCAÇÃO E COMPETÊNCIAS: PONTOS E CONTRAPONTOS

presença constante nos movimentos de reorganização dos sistemas de ensino e de formação profissional, passando a ser referência para as definições de diretrizes das políticas educacionais, bem como para a gestão e formação de recursos humanos. A introdução dessa nova proposição acabou por colocar em xeque a noção de qualificação, até então utilizada nos mundos da escola e da produção.

No Brasil, o ensino baseado no desenvolvimento de competências foi introduzido por meio de ações ministeriais na década de 1990, no contexto da gestão governamental de Fernando Henrique Cardoso (1995-2002). Em meio à reorganização das diretrizes para a educação nacional fica expressa a intenção de orientar a estruturação do ensino por meio desse conceito, que seria então o definidor dos conteúdos a serem ensinados, dos modos como os docentes deveriam ensiná-los e também avaliá-los por meio de instrumentos adequados para aferir quanto das competências almejadas foi alcançado pelos estudantes. A Lei de Diretrizes e Bases da Educação Nacional (LDBEN nº 9394/96) – que incide sobre todos os níveis educacionais do país – estabelece que a educação "tem por finalidade o desenvolvimento do educando, seu preparo para o exercício da cidadania e qualificação para o trabalho". Os desdobramentos desse preceito foram então sendo estabelecidos nas orientações para cada um dos níveis de ensino.

A orientação para o ensino voltado para o desenvolvimento de competências aparece mais claramente nas Diretrizes Curriculares para o Ensino Médio (Brasil, CNE/CEB, 1998, p. 78) e é assim explicitada:

Para o EM a formação básica a ser buscada realizar-se-á mais pela constituição de competências, habilidades e disposições de condutas do que pela quantidade de informação. Aprender a aprender e a pensar, a relacionar o conhecimento com dados da experiência cotidiana, a dar significado ao aprendido e a captar o significado do mundo, a fazer a ponte entre teoria e prática, a fundamentar a crítica, a argumentar com base em fatos, a lidar com o sentimento que a aprendizagem desperta.

O documento também menciona os tipos de competências a serem desenvolvidas, destacando as *competências cognitivas complexas* (autonomia intelectual, criatividade, solução de problemas, análise e prospecção), as *competências de tipo geral* (capacidade de continuar aprendendo) e as *competências cognitivas básicas* (raciocínio abstrato, capacidade de compreensão de situações novas). Quando analisa mais particularmente a dimensão da preparação para o trabalho, menciona as *competências de caráter geral para a inserção no mundo do trabalho* (noções gerais sobre o papel e o valor do trabalho, os produtos do trabalho, as condições de produção, entre outras). No entanto, não há no texto legal qualquer referência ao marco teórico que circunscreve o conceito de competências, adotado como núcleo da proposta de ensino. O que se encontra são alguns exemplos, como os arrolados acima, que parecem ter, por si só, a intenção de deixar explícito do que se fala ao designar os tipos de competências a serem desenvolvidos.

Quadro semelhante está presente nos Parâmetros Curriculares Nacionais (Ensino Médio) (Brasil, MEC, 1998). Novamente usa-se o conceito de desenvolvimento de competências sem maiores desdobramentos ou aprofundamento de sua matriz conceitual. Citamos, como outro exemplo dessa limitação, a passagem do texto em que essa ideia é explanada com maiores detalhes, segundo os quais esse nível de ensino deve buscar desenvolver a

capacidade de abstração, do desenvolvimento do pensamento sistêmico, ao contrário da compreensão parcial e fragmentada dos

EDUCAÇÃO E COMPETÊNCIAS: PONTOS E CONTRAPONTOS

fenômenos, da criatividade, da curiosidade, da capacidade de pensar múltiplas alternativas para a solução de um problema, ou seja, do desenvolvimento do pensamento divergente, da capacidade de trabalhar em equipe, da disposição para procurar e aceitar críticas, da disposição para o risco, do desenvolvimento do pensamento crítico, do saber comunicar-se, da capacidade de buscar conhecimento. Estas são competências que devem estar presentes na esfera social, cultural, nas atividades políticas e sociais como um todo, e que são condições para o exercício da cidadania num contexto democrático.

Reitera-se aqui a atitude de apenas desdobrar os objetivos desse marco regulatório, sem maiores aprofundamentos da concepção orientadora.

Na esteira da reforma do ensino médio, o governo brasileiro introduziu em 1999 o Exame Nacional do Ensino Médio (Enem), com o objetivo de avaliar o desempenho do aluno ao término desse nível de escolaridade e aferir o desenvolvimento de competências fundamentais ao exercício pleno da cidadania. O documento que fundamenta essa proposta de avaliação estabelece os objetivos para a organização da matriz curricular por competências:

A Matriz de Competências foi desenvolvida para estruturar o Enem, a fim de definir claramente seus pressupostos e delinear suas características operacionais [...]. A prova do Enem avaliará as competências e as habilidades desenvolvidas pelos examinandos ao longo do ensino fundamental e médio, imprescindíveis à vida acadêmica, ao mundo do trabalho e ao exercício da cidadania, tendo como base a matriz de competências especialmente definida para o exame. (Brasil, MEC/INEP, 2000)

Nesse documento encontra-se a explicitação do entendimento de competências como sendo as modalidades estruturais da inteligência, portanto ações e operações utilizadas para o estabelecimento de relações entre objetos, situações, pessoas etc. Delas decorrem as habilidades, que estão no campo da ação. São citadas cinco competências norteadoras da proposta de avaliação em pauta: dominar linguagens; compreender fenômenos; enfrentar situações-problema; construir argumentação; elaborar propostas. Essas competências desdobram-se em um vasto conjunto de habilidades orientadoras do processo de formação a ser desenvolvido pelos professores.

Coerente com a tendência que há em vários países, a reorganização da educação básica estabelece um currículo voltado para a construção de competências em toda a educação básica, instaurando o que se pode denominar *pedagogia das competências*. Esta veio acompanhada de uma preocupação acentuada com a avaliação de resultados, o que acabou por instalar uma lógica burocrática nos sistemas de ensino, voltada para tais aferições e comparações com padrões internacionais.

É preciso reconhecer que a implementação dessa mudança no interior do grande e complexo sistema educacional brasileiro não é tarefa simples. É igualmente importante assinalar que, mesmo sendo evidente o grande esforço a ser empreendido, a reforma não foi precedida e nem acompanhada de um processo de formação do corpo de professores, capaz de permitir que essa nova diretriz, estabelecida como marco referencial para a organização pedagógica, fosse compreendida e apropriada. Assim, salta aos olhos o fato de que, na expectativa do legislador, a avaliação a ser praticada por meio do Enem parece adquirir o caráter de instrumento político indutor das modificações a serem operadas nos modelos pedagógicos, cognitivos e culturais dominantes na escola.

Sem maiores explicitações a respeito dos significados atribuídos às competências e de suas vinculações no campo das concepções de ensino e da aprendizagem, a reforma educativa foi sendo entendida como um conjunto de orientações claramente prescritivas. Como disse em momento anterior (Almeida, 1999), o modo vertical de instituição da reforma, que veio desacompanhada do essencial processo de socialização de seu significado e pretensão, gerou e continua a gerar resistências à mudança e faz que seja débil a capacidade de tradução didático-pedagógica dos seus preceitos no interior das salas de aula. O Enem vem sendo aplicado anualmente desde 1998, firmando-se como um processo avaliativo que tem sido considerado especialmente para a continuidade dos estudos no ensino superior. Entretanto, demonstra pouco vigor na reconfiguração dos procedimentos de ensino na educação básica. A ideia de competências, nuclear na proposição da reforma, continua sendo passível de entendimentos distintos ou mesmo ignorada em meio ao corpo docente e aos gestores dos sistemas de ensino, que seguem realizando as ações educativas baseados em seus conhecimentos e crenças pedagógicas. Os reformadores não atentaram para o que Sacristán (1991, p. 77) já alertava há bastante tempo:

> As mudanças educativas, entendidas como uma transformação ao nível das ideias e das práticas, não são repentinas nem lineares. A prática educativa não começa do zero: quem quiser modificá-la tem de apanhar o processo sua "em andamento".

Se é esse o quadro que marca a introdução da ideia de competência na educação básica[1], vejamos como ela se faz presente no campo da formação de professores, outro segmento formativo com implicações diretas na vida das escolas. O documento das Diretrizes Curriculares Nacionais para a Formação de Professores de Educação Básica (Brasil, CNE/CP, 2001, p. 5) apresenta a base comum da formação docente com a intenção de

> constituir sintonia entre a formação de professores, os princípios prescritos na LDBEN, as normas instituídas nas Diretrizes Curriculares Nacionais, bem como as recomendações dos Parâmetros e Diretrizes Curriculares para a educação básica.

A respeito dessa interlocução, assim se manifesta uma das formuladoras das políticas educacionais do início dos anos 1990:

> O arranjo institucional adequado para a formação de professores será aquele que conseguir construir, ao longo do curso, o perfil profissional docente que o país necessita para implementar a reforma da educação básica, consubstanciada em suas diretrizes curriculares nacionais, nos parâmetros curriculares recomendados pelo MEC e nas ações de implementação iniciadas por estados e municípios. (Mello, 2000, p. 106)

---

1. Outro segmento da escolarização que tem sido fortemente impactado pela noção de desenvolvimento de competências é o da educação profissional, mas como nosso objetivo aqui se circunscreve à discussão da escolarização básica e da formação e atuação docente nesse contexto, não trataremos das suas delimitações legais nem das práticas pedagógicas aí instituídas.

Na esteira das Diretrizes Curriculares Nacionais foram estabelecidas também as diretrizes específicas para a formação de professores das diversas áreas do conhecimento. Com isso, estabeleceu-se um conjunto de normas que evidencia a forte presença do Estado na direção das mais diversas medidas curriculares e organizativas da educação básica e da formação de professores, assentadas sobre o mesmo eixo conceitual de desenvolvimento de competências. Essas diretrizes fizeram-se acompanhar por duas estratégias complementares e essenciais para viabilizar as pretensões políticas dos legisladores: a organização de um sistema nacional de avaliação, tal como ocorreu com a educação básica, e de outro sistema destinado à certificação de competências docentes. Essa articulação, que tem na concepção de competência seu núcleo estruturante e busca adequar a formação de professores às exigências legais postas para a educação básica e para os sistemas de avaliação instituídos, significa trazer para o plano individual as responsabilidades com a preparação profissional dos professores, bem como com os resultados de seu desempenho. Fortalece então uma lógica guiada pela cultura administrativa da eficiência, do menor custo e das comparações internacionais.

No entendimento de Ramos (2001, p. 194), isso significa que

> uma gestão fundada na competência encerra a ideia de que um assalariado deve se submeter a uma validação permanente, dando constantemente provas de sua adequação ao posto, de seu direito a uma promoção ou a uma mobilidade promocional.

Temos portanto a submissão da ideia de qualificação profissional e do correspondente aval de um diploma para o exercício profissional à ideia de desenvolvimento de competências e suas devidas certificações, entendidas como aquisições individuais no exercício do trabalho. Freitas (2003) considera que é esse processo de regulação do trabalho, de habilidades, atitudes, modelos didáticos e capacidades dos professores que vem orientando as diferentes ações no campo da formação. Evidencia-se o refinamento dos mecanismos de controle sobre as atividades docentes por meio de inúmeras competências preestabelecidas.

Essa política educacional instituída na década de 1990 permanece como orientadora das gestões governamentais neste início do século XXI, uma vez que o governo de Luiz Inácio Lula da Silva, iniciado em 2003 e cujo segundo mandato tem conclusão prevista para 2010, não alterou seus fundamentos. É ela, em essência, que tem orientado as adequações normativas, tanto no âmbito nacional como nas ações dos sistemas estaduais de educação, com vistas à implementação das mudanças educacionais em sintonia com as orientações de organismos internacionais e experiências reformistas realizadas em outros países. O que se percebe é apenas uma ênfase menor em alguns aspectos marcadamente afinados com perspectivas neoliberais, mas que permanecem intocados como prescrições legais. Os processos de estabelecimento de bases curriculares e de avaliações externas[2]

---

2. Atualmente o país conta com múltiplos sistemas de avaliação, dentre os quais destacamos: Prova Brasil, que integra o Sistema de Avaliação da Educação Básica (Saeb) e avalia alunos matriculados entre o 5° e o 9° anos do ensino fundamental das escolas públicas; Exame Nacional do Ensino Médio (Enem), que avalia estudantes do ensino médio; Exame Nacional de Desempenho de Estudantes (Enade), que integra o Sistema Nacional de Avaliação da Educação Superior (Sinaes); e Sistema de Avaliação de Rendimento Escolar do Estado de São Paulo (Saresp), que avalia o ensino fundamental e médio na rede estadual e corresponde a outros sistemas estaduais com igual propósito.

se fazem presentes em todos os níveis educacionais. É visível, como afirmam Therrien e Loiola (2001), a instituição de

> uma racionalidade técnica e administrativa própria de um funcionalismo que reduz o debate sobre as finalidades educativas a uma questão de indicadores e que reduz também o desenvolvimento cultural a resultados medidos em função de normas e de comparações internacionais.

Um exemplo atual dessa concepção pode ser esclarecedor. A Secretaria da Educação do Estado de São Paulo instituiu sua mais recente normatização da reforma educacional (São Paulo Faz Escola, implantada em 2008), que traz como marca quatro pilares essenciais: *i)* é alicerçada no estabelecimento de um currículo centrado no desenvolvimento de competências; *ii)* faz-se acompanhar da tradução didática prescritiva a ser desenvolvida em sala de aula pelos professores; *iii)* terá seu desenvolvimento aferido por um sistema de avaliação externo (Saresp); *iv)* estabelece a concessão de bônus aos professores com base na aferição de desempenho da unidade escolar.

Não é possível deixar de encontrar sintonia entre essa proposição e as ideias presentes em orientações internacionais que advogam uma política educativa centrada na medição dos desempenhos, na avaliação dos programas em razão de seus efeitos medidos e na prestação de contas regular e com consequências, em que o referencial de competências serve de quadro para construir "padrões" de desempenho e, portanto, contribui para racionalizar a avaliação do desempenho dos docentes em exercício. Essa política, que encontra fortes resistências entre os professores paulistas, preestabelece os passos da ação docente, reduzindo a solicitação dos seus saberes e conhecimentos e submetendo a remuneração ao rendimento alcançado pelas escolas na prova do Saresp.

VALÉRIA AMORIM ARANTES (ORG.)

A problemática da noção de competências

A forte presença da noção de competências no campo educacional internacional e a sintonia das reformas brasileiras com esse movimento colocam a importância de que essa noção seja problematizada, debatida e devidamente entendida, pois sua propagação atinge todos os níveis educacionais em nosso país. Como já afirmamos anteriormente, a importação desse conceito vem do mercado de trabalho, que há bastante tempo tem orientado o que se faz no campo da escola. Ropé e Tanguy (1997) explicitam que, desde o final dos anos 1970, as preocupações com o emprego encontram-se localizadas no centro do sistema educacional de diversas maneiras mais ou menos visíveis, cenário que projetou a noção de formação por competências. Bronckart e Dolz (2004, p. 29) nos ajudam a reafirmar a importância dessa problematização, uma vez que tal noção

> é apresentada como uma tentativa de redefinir e de reorganizar, sob um conceito generalizador (a própria noção de competência) e, ao mesmo tempo, capaz de diferenciação (os tipos de competências), os objetos e objetivos dos procedimentos de formação, assim como as capacidades adquiridas ou exigidas dos aprendizes e seus formadores.

Portanto, a profundidade da transformação em pauta representa uma reviravolta no entendimento do papel da escola e da universidade, do conhecimento, dos modos de ensinar e aprender, da atuação dos professores e dos alunos no contexto da sala de aula. Tidas como verdadeiros curingas, as competências servem para designar objetos de ensino ou de aprendizagem com base em certa perspectiva que se supõe renovada (Blain, 2004). Porém, perspectivas críticas com as de Baudouin (2002, p. 152) defendem enfaticamente que

> os espaços da educação e da formação, a partir de sua perspectiva, que é a de facilitar as aprendizagens, devem apresentar características específicas não redutíveis àquelas que prevalecem na produção de bens e serviços.

Vejamos como a noção de competências impacta os papéis e modos de ação social e pedagogicamente instituídos.

A escola vem sendo considerada, desde a sua instituição no mundo moderno, como o local de transmissão dos conhecimentos historicamente produzidos e socialmente valorados por serem frutos do processo social. É o espaço social organizado com bases metodológicas e destinado a trabalhar com o conhecimento. É lá que as novas gerações se preparam para sua inserção no mundo adulto, de modo a contribuir social e responsavelmente com o desenvolvimento da vida. Nas palavras de Meirieu (2004, p. 36), a escola "é a instituição que faz do futuro seu princípio. E que, para preparar o futuro, se outorga a missão de transmitir o passado. [...] É uma criação dos homens para dar corpo à continuidade do mundo".

Logicamente, a tradução dessa concepção em uma instituição concreta, com estrutura física e pedagógica e com um corpo eficiente de profissionais, vem sendo permeada por entendimentos que se transformam com o tempo, na interação com a sociedade que a circunda. Porém, o que tem se mantido como essência é o trabalho com o conhecimento, traduzido nos saberes escolares. É na apropriação desse conhecimento, por meio de ações mediadas por distintos processos didáticos – em que a relação dialética sujeito/objeto é essencial –, que se torna possível às crianças e jovens compreender o mundo em sua complexidade, analisar e contextualizar os processos sociais em curso, desenvolver a curiosidade, formular hipóteses explicativas, ser criativos e construtores de novos conhecimentos e, nesse percurso, compreendê-lo como um fenômeno historicamente situado. Esse é o processo que permite aos alunos estabelecer o sentido do estudo, apropriar-se das distintas linguagens, inserir-se no universo da cultura, inteirar-se do pensamento objetivado e objetivar o seu. Com isso fica evidente o papel das dimensões cultural, histórica e contextual na aquisição dos saberes escolares. Em outras palavras, se a escola é a instituição onde se preparam as novas gerações para ocupar seu lugar na trajetória da humanidade, aprender é obrigatório, e tudo deve estar organizado para viabilizar a aprendizagem. Não é possível alcançar êxito escolar sem desenvolver a compreensão; portanto, o aprendizado sistemático é elemento fundamental da vida escolar.

Principalmente em meio ao grande afluxo de informações, disseminadas pelas novas tecnologias da informação, é que a escola tem seu papel fortalecido, já que é o espaço adequado para se compreender o processo de construção do conhecimento, como fruto de convenções estabelecidas socialmente, e sua relatividade. É no alargamento dessas compreensões que se constroem critérios capazes de selecionar/validar/organizar as informações e atribuir-lhes sentido. Importante nesse percurso é identificar as preocupações, os interesses e as necessidades dos alunos, pois o trabalho pedagógico precisa

> ter o universo vivencial discente como *princípio* (ponto de partida), de maneira a atingir a *meta* (ponto de chegada) do processo pedagógico; afinal de contas, a prática educacional tem como objetivo central fazer avançar a capacidade de compreender e intervir na

EDUCAÇÃO E COMPETÊNCIAS: PONTOS E CONTRAPONTOS

realidade para além do estágio presente, gerando autonomia e humanização. (Cortella, 2000, p. 125 [grifos do autor])

Com a implantação da chamada pedagogia das competências, a organização do ensino deixa de ser feita pelos saberes pedagógicos validados e passa a ser orientada pelas atividades desenvolvidas por professores e alunos. Os saberes a serem ensinados deixam de ser referência, e o que importa são as atividades capazes de levar ao desenvolvimento de certas competências estabelecidas, em que o indivíduo é o centro das ações empreendidas. Há uma profunda reconfiguração dos objetos e objetivos do ensino, que passam a visar o desenvolvimento de certas competências no aluno, que poderão lhe permitir compreensões além do universo escolar e o acesso ao ambiente cultural. São então as competências almejadas que passam a estabelecer o critério para a definição e o agrupamento das atividades em sala de aula, e não mais o conhecimento traduzido na forma dos saberes escolares. Elas constituem modalidade de governo político das práticas de ensino, desqualificando as dimensões formativas dos saberes constituídos (Ropé e Tanguy, 1997). Torna-se inevitável indagar: como ficam os conhecimentos não ligados estritamente às competências definidas como válidas num contexto determinado?

Conne e Brun (2004, p. 109), ao estudar as transformações vividas pelos programas de ensino de matemática na Suíça, apontam que as competências

são definidas como *umbrais* de saber que devem ser ultrapassados em certos prazos. O professor terá de oferecer essas competências ao conjunto dos alunos de sua classe. As metodologias terão a função de mostrar os vínculos existentes entre as atividades e essas competências.

VALÉRIA AMORIM ARANTES (ORG.)

Essa constatação explicita a redução do papel da didática e das metodologias de ensino, uma vez que o estabelecimento de um catálogo de desempenhos e competências representa um retrocesso no aprofundamento da articulação teoria/prática, que na escola básica pressupõe a articulação do conhecimento com a vida social. Os autores alertam também para o fato de que, no campo da avaliação do ensino e do aluno, as competências ocuparam o lugar dos objetivos pedagógicos, e que

> o reconhecimento dos conhecimentos dos alunos ocorre em função da realização das sucessivas tarefas, correndo o risco de separar esses conhecimentos dos saberes graças aos quais a cultura pode reconhecer os conhecimentos de um indivíduo. (Conne e Brun, 2004, p. 113)

Os objetivos de educar de modo contextualizado e de desenvolver a capacidade de raciocínio e análise por meio da apropriação dos saberes pedagógicos perdem espaço para o privilégio que é dado a certo entendimento a respeito da utilidade social e cultural da aprendizagem. Com isso corremos o risco de ver o enfraquecimento das finalidades dos diversos campos disciplinares, que são historicamente associadas aos seus papéis sociais.

Para Sacristán (1999), a educação é entendida como um direito universal de homens, mulheres e, especialmente, crianças, e como um componente da cidadania plena e um direito fundamental e essencial à dignidade humana. Infelizmente, essa perspectiva educativa, constituída no contexto da modernidade, tem encontrado inúmeras dificuldades para se efetivar. Porém, parece-nos que a opção por equacionar as evidentes dificuldades que temos tido para garantir a todos uma escolarização bem-sucedida por meio da adoção da pe-

EDUCAÇÃO E COMPETÊNCIAS: PONTOS E CONTRAPONTOS

dagogia das competências, com o objetivo de preparar o aluno para sua inserção social, acaba mais por adaptá-lo à realidade dada como a única possível. A formação centrada no indivíduo, pressuposta nesse modelo educativo, vai de encontro à ideia de formação de sujeitos históricos, humanizados por meio de um processo de atualização cultural. Acercar-se da cultura construída socialmente implica conhecimentos e técnicas, mas também artes, valores, posturas. Nesse sentido, a educação é um processo social e não individual. Dá-se, portanto, entre indivíduos movidos por objetivos que deverão ser coletivos (Moretti, 2007).

A pedagogia das competências também descarta a necessidade de fortalecer o professor como um intelectual cujo trabalho demanda desafios, incertezas e certezas em um esforço de construção diária de mobilizações de saberes (Therrien e Loiola, 2001). Esse é certamente um dos fatores responsáveis pelo esgarçamento das relações profissionais no campo do magistério.

O ataque à autonomia profissional docente tem sido impetrado pelos mais diversos meios de invasão aos campos de ação que são intrínsecos ao seu fazer, como as múltiplas formas de controle estabelecidas por meio dos currículos minuciosamente desdobrados em modos didáticos de agir, da avaliação utilizada como forma de controle de uma almejada eficiência institucional, da subordinação crescente dos professores aos modos autoritários de gestão – estratégias essas colocadas a serviço da viabilização do ensino centrado no desenvolvimento de competências. A instituição da lógica da produção de resultados no âmbito da instituição escolar, que prioriza a busca da eficiência e da eficácia em detrimento da qualidade, ao lado da deterioração das condições de trabalho e salário, acaba por proporcionar a erosão das relações dos professores com sua profissão, o que traz repercussões para a qualidade do trabalho desenvolvido. Também é ignorado o cuidado com o processo de aprender, que é longo e deve ter como objetivo constituir as condições adequadas para o desenvolvimento humano.

O forte questionamento feito nas ultimas décadas à perspectiva que entende o professor como um técnico parece não importar para a definição das diretrizes educacionais. Essa perspectiva empobrecedora, bastante analisada e debatida por muitos autores, mantém-se ainda com bastante força na orientação dos processos formativos iniciais e contínuos de professores e, na sua roupagem atual, sustenta que eles devem aprender conhecimentos e desenvolver competências e atitudes adequadas à sua intervenção prática, de modo a estabelecer controle sobre as múltiplas variáveis que podem influenciar a dinâmica do trabalho em sala de aula. A tradução desse entendimento está explícita na reforma educacional paulista anteriormente mencionada, o que reforça a ideia de que a formação deve se apoiar nos conhecimentos que os cientistas aplicados elaboram, sem precisar chegar ao conhecimento científico. Nessa perspectiva, o professor é formado para dominar as rotinas de intervenção técnica, e não para se colocar como um intelectual que executa um trabalho complexo e socialmente contextualizado. A dicotomia entre pensar e fazer, entre teoria e prática, marca sua formação profissional. Seu papel é diminuído na medida em que a docência fica circunscrita à mera execução de procedimentos e regras gestados por outros profissionais. Sem o domínio das bases teóricas e metodológicas que deem suporte ao seu trabalho, torna-se impossível refletir sobre a própria ação e sobre os objetivos educacionais que a orientam. O barateamento da formação docente, tanto na fase inicial como na contínua, tem repercussões de amplo alcance.

Se entendermos o ensino como uma prática socialmente situada, como analisada por Therrien e Loiola (2001), o trabalho docente vai se revelar fruto de um processo que envolve múltiplos saberes oriundos da formação, da área disciplinar, do currículo, da experiência, da prática social e da cultura, dentre outros. Para esses autores, a docência é uma atividade regida por uma racionalidade prática que se apoia em valores, em teorias, em experiências e em elementos contextuais para justificar as tomadas de decisão na gestão da sala de aula. Assim, a formação dos professores precisa ser necessariamente contextualizada. Pimenta (2000) considera que a base da docência resulta da articulação entre os saberes teórico-práticos adquiridos na formação inicial e contínua e os saberes advindos da experiência. É nessa trama que se gesta o profissionalismo docente.

Por onde anda o entendimento a respeito das competências?

Do que se fala quando o assunto é a defesa do desenvolvimento de competências? Como já afirmamos, essa ideia tem tido grande divulgação nas últimas décadas, especialmente no campo da formação e da atuação de professores, e Philippe Perrenoud é um dos seus maiores divulgadores no Brasil. Sua presença tem sido frequente em eventos educacionais e na mídia, o que amplia a popularização do conceito. Em suas várias publicações, a proposição de desenvolvimento de competências vem sendo aprofundada com base nos questionamentos apresentados em meio à trajetória do próprio autor. Tomaremos aqui a formulação de Perrenoud (1999, p. 7) que define competência "como sendo uma capacidade de agir eficazmente em um determinado tipo de situação, apoiada em conhecimentos, mas sem se limitar a eles. São aquisições, aprendizados construídos". Com a intenção de explicitar mais claramente a formulação, o autor toma alguns exemplos de atuações profissionais para afirmar que ser competente consiste em pôr em relação o conhecimento do campo profissional e uma representação sobre o problema a resolver, fazendo uso de um raciocínio e de uma intuição referenciados no campo de atuação. Portanto, o profissional

> é exigido a fazer relacionamentos, interpretações, interpolações, inferências, invenções, em suma, complexas operações mentais cuja orquestração só pode constituir-se ao vivo, em função tanto de seu saber e de sua perícia quanto de sua visão da situação. (Perrenoud, 1999, p. 8)

Estamos então diante de um conjunto de capacidades, habilidades e atitudes que compõem o modo de exercício profissional, o que, para o autor, constitui a capacidade de mobilizar diversos recursos cognitivos para enfrentar situações determinadas.

Os aspectos contidos no conceito apresentado por Perrenoud fazem parte da maneira de agir dos professores ao desempenharem suas ações de ensino, bem como de outros profissionais ao atuarem em suas áreas específicas. Tanto na fase da formação profissional como na da atuação propriamente dita, são mobilizadas articulações mentais de caráter intrapessoal, que oferecem as condições para as respostas e encaminhamentos práticos. Qualquer processo formativo envolve sempre dimensões intrapessoais. Mas não só. A formação é também e ao mesmo tempo fruto de relações interpessoais, uma vez que aprendemos na interação com o outro, e o próprio conhecimento é a expressão de um processo coletivo de elaboração e reelaboração.

Porém, há questões que não encontram respostas diante da constituição da pedagogia das competências, por exemplo: como ficam ao longo de um processo formativo os conhecimentos não ligados estritamente às competências valorizadas na execução do trabalho? Quais as consequências de centrar os processos formativos no desenvolvimento de competências que não valorizam a dimensão social na construção do conhecimento? E quais as decorrências de uma formação centrada em respostas individuais, alheia às circunstâncias adversas presentes no mundo do trabalho, que venha desacompanhada de uma consistente problematização de seus rumos?

O movimento que propiciou a incorporação dessas proposições teóricas em formulações de políticas educacionais no Brasil tem considerado as competências como um conjunto de enunciados gerais e abstratos, mais ou menos elaborados e especificados, que tende a ser o instrumento de um poder de controle e de padronização ou até mesmo de uniformização das práticas capazes de assegurar certo patamar de desempenho, averiguado por meio de testes padronizados (Lessard, 2006). Outro aspecto que nos parece problemático na ideia de desenvolvimento de competências reside na perspectiva extremamente focalizada no indivíduo, uma vez que seu núcleo centra-se na mobilização das capacidades pessoais (saber, saber fazer, saber ser) para o encaminhamento das situações vividas no cotidiano escolar, perdendo de vista os saberes que permitem a apropriação do conhecimento entendido como uma construção social. A dimensão coletiva e contextualizada do trabalho com o conhecimento perde espaço para a centralidade do indivíduo, minando a possibilidade de se construir a percepção de que, como sujeitos sociais, pertencemos a um coletivo. O conceito de competências, em que pese sua plasticidade e pouca delimitação, "contempla uma forma específica de entender a sociedade e suas relações, focada em um individualismo liberal e na busca da adaptação às incertezas de uma realidade dada como sendo a única possível" (Moretti, 2007, p. 76).

Vários autores, envolvidos com o propósito de pensar a educação numa perspectiva humanizadora e transformadora, têm questionado a ideia de competências e procurado ressignificar seu foco e as repercussões causadas aos processos formativos e à ação docente, de modo a romper com as marcas advindas da origem ligada às disputas competitivas no mundo do trabalho empresarial. Dentre essas proposições analíticas, escolhemos sete olhares sobre a temática, que identificamos sinteticamente a seguir.

Markert (2002) propõe que o núcleo da definição das competências não envolva somente as necessidades crescentes dos novos conceitos de produção, presentes especialmente nos serviços tecnicamente sofisticados, mas que se oriente por um conceito dialético de formação do sujeito. Para tanto, sustenta que

> as categorias norteadoras de um conceito de competência deveriam evitar que os conceitos pedagógicos aplicados se tornem uma nova moda pedagógica, ou ajustem somente as capacidades laborais e interações intersubjetivas dos homens à nova ideologia do capital "progressista", mas, ao contrário, contribuam para um entendimento de um conceito de "politecnia", de formação integral do homem [...]. Entendemos, assim, um conceito crítico-emancipatório de competência por meio do seu "poder estruturante" para a "transformação" da realidade social. (p. 18)

Na compreensão de Bronckart e Dolz (2004), existem inúmeras respostas educacionais que evidenciam caminhos alternativos aos inscritos no campo do desenvolvimento de competências. Os autores argumentam em favor da importância de definir os objetos e objetivos de ensino com base nos domínios práticos necessários para participar plenamente da vida social e comunicativa, e não das propriedades exigidas de um estudante para se adaptar ao caráter flutuante das situações de trabalho. E propõem que o ensino propicie o desenvolvimento de capacidades, e não de competências, já que

> esse termo parece mais apropriado nesse debate, na medida em que está ligado a uma concepção epistemológica e metodológica que estabelece que as propriedades dos agentes só podem ser inferidas por meio de ações que eles realizem, por meio de um processo permanente de avaliação social. (p. 45)

Para Contreras (2002), a ação docente requer, além do domínio de certas habilidades, técnicas e recursos para a ação didática, um profundo conhecimento da cultura e do conhecimento que constitui o que é objeto de ensino. Por essa razão, afirma que a competência profissional transcende o sentido puramente técnico do controle das circunstâncias presentes no desenvolvimento do ensino. Em razão do entendimento da docência como uma ação social, que solicita dos professores uma implicação moral e um compromisso com a comunidade, o autor argumenta que é preciso falar em competências profissionais complexas, que combinem, além dos conhecimentos específicos, uma série de habilidades, princípios e a consciência do sentido e das consequências das práticas pedagógicas, uma vez que "o ensino é um trabalho que se realiza com pessoas e pode ter consequências de longo alcance para elas" (p. 84). É essa combinação que permite o desenvolvimento da análise e o estabelecimento dos critérios de valor a respeito das ações docentes. Portanto, afirma Contreras (2002, p. 84), "os professores podem desenvolver uma competência profissional, entendida mais como uma competência intelectual que não é somente técnica".

Gimeno Sacristán (1991), ao demonstrar preocupação com a tendência à hiper-responsabilização dos professores quanto à qualidade do ensino, já que são os condutores visíveis dos processos institucionalizados de educação, amplia o olhar sobre os fatores intervenientes nas práticas docentes e aponta que

> a competência docente não é tanto uma técnica composta por uma série de destrezas baseadas em conhecimentos concretos ou na experiência, nem uma simples descoberta pessoal. O professor não é um técnico nem um improvisador, mas sim um profissional que pode utilizar o seu conhecimento e a sua experiência para se desenvolver em contextos pedagógicos preexistentes. (p. 74)

Para colocá-la em ação, o autor explicita a importância do conhecimento como base da prática educativa, que se desenvolve em contextos reais, carregada de intenções e de interpretações subjetivas, e pontua que cada opção feita é fruto de um processo de deliberação.

Uma autora brasileira que tem se dedicado ao estudo da temática é Kuenzer (2002), que entende competência como a capacidade de agir, em situações previstas e não previstas, com rapidez e eficiência, articulando conhecimentos tácitos e científicos a experiências de vida e laborais vivenciadas. Ela questiona a ideia de desenvolvimento de competências centrada na escola por entendê-la como

EDUCAÇÃO E COMPETÊNCIAS: PONTOS E CONTRAPONTOS

o lugar de aprender a interpretar o mundo para poder transformá-lo, a partir do domínio das categorias de método e de conteúdo que inspirem e que se transformem em práticas de emancipação humana [...]. O lugar de desenvolver competências, que por sua vez mobilizam conhecimentos mas que com eles não se confundem, é a prática social e produtiva.

Para a autora, trazer para a escola a responsabilidade do desenvolvimento de competências resulta em forma sutil e perversa de exclusão dos que vivem do trabalho e têm na escola a única possibilidade de acesso ao conhecimento socialmente produzido.

Libâneo (2004) entende o conceito de competência como sinônimo de formação "omnilateral" e formação politécnica, propiciadora do desenvolvimento de capacidades subjetivas, intelectuais, físicas, sociais, estéticas, éticas e profissionais, capazes de permitir a unidade entre as capacidades intelectuais e práticas. Exemplificando, o autor considera que

um professor competente é aquele que desenvolve capacidade de mobilizar recursos cognitivos (conhecimentos aprofundados, operações mentais, capacidade crítica), capacidades relacionais, procedimentos, técnicas, atitudes para enfrentar situações problemáticas [...]. Um professor será mais competente quanto mais souber imaginar, refletir, articular as condições que possibilitem aos alunos aprender melhor e de forma mais duradoura [...], de modo a se constituírem como sujeitos pensantes e críticos, ou seja, competentes. (p. 85-6)

Assim entendido o conceito, considera que todas as profissões pressupõem a definição de um conjunto determinado de competências necessárias ao exercício profissional, desde que permitam uma atuação a serviço dos interesses coletivos.

Rios (2001, 2002) argumenta em favor da ideia de "competência no singular", e não "das competências", como se tem apresentado na maior parte das apropriações. Para a autora, o esforço por compreender a competência do educador como uma totalidade leva a uma análise das quatro dimensões de sua prática (saber, querer, dever, poder), entendidas como quatro componentes de uma competência. A ideia pode ser mais bem compreendida no exemplo formulado por ela:

> para dizer que um professor é competente, devo levar em conta a dimensão técnica – ele deve ter domínio dos conteúdos de sua área de conhecimento e de recursos para socializar esse conhecimento; a dimensão estética – ele deve ter um movimento de compreensão, que articula o intelectual e o afetivo; uma dimensão política – ele deve definir finalidades para sua ação e comprometer-se em caminhar para alcançá-las; e a dimensão ética, elemento mediador – ele deve assumir continuamente uma atitude crítica, que indaga sobre o fundamento e o sentimento da definição dos conteúdos, dos métodos, dos objetivos, tendo como referência a afirmação dos direitos, do bem comum. (2002, p. 168)

Assim compreendida a ação docente, torna-se impossível elaborar rol ou lista de competências capazes de responder à complexidade da formação e da prática dos professores.

Evidentemente os questionamentos e as reconceituações que arrolamos não esgotam o grande número de trabalhos dedicados à discussão das competências, o que demonstra mais uma vez o vigor dessa proposição. Apresentamos sete formulações que estão embasadas, cada uma delas, em referenciais teóricos distintos e amplamente explicitados por seus autores. Aqui trouxemos apenas a síntese dos entendimentos do conceito e pistas das filiações teóricas de seus autores, com o objetivo de traçar um quadro que nos ajude na compreensão conceitual, especialmente no campo da formação e da atuação docente, que explicitamos a seguir.

A competência profissional do professor

O que caracteriza um professor competente? O que faz um professor competente? De onde advém sua competência? Essas são perguntas significativas para quem está no exercício da profissão ou pretende abraçá-la. Pontuar o "lugar" e o "significado" da competência na vida dos professores ajuda a fortalecer os entendimentos e posicionamentos que precisam ter em meio aos processos de mudanças educacionais em pauta. A noção de competência traz contribuições especialmente ao campo da atuação docente, porém as áreas cinzentas que a acompanham têm possibilitado usos mais nefastos do que impulsionadores de mudanças. Assim, não se trata de descartá-la, mas sim de buscar seus sentidos positivos.

Num esforço de ressignificar a noção de competência do professor, tomamos como ponto de partida a ideia de que ela pode ser verificada na prática realizada e que, portanto, é uma competência profissional que requer conhecimentos sobre o objeto de ensino, domínio de técnicas e de procedimentos didáticos, compreensão dos processos de aprendizagem, capacidade organizativa do trabalho e de comunicação com os alunos. Entendemos essa competência como fruto de uma construção social, que envolve, sem dúvida, um movimento interior do sujeito, mas que depende também de outros elementos que intervêm na qualidade do desempenho profissional. Tais elementos são múltiplos e variados, uma vez que o contexto, a história pessoal de cada sujeito envolvido, as condições materiais e os recursos disponíveis para a atuação, bem como os objetivos orientadores estabelecidos socialmente, incidem sobre a realização e os resultados do trabalho. É uma competência construída de modo compartilhado e enraizado socialmente, já que depende da relação com os outros e com as circunstâncias.

A constituição da competência profissional passa por um processo de definição e constituição pessoal, de quem somos como profissionais e da base de conhecimentos que nos sustenta, que não pode se realizar senão em meio à realidade profissional e social, já que é nesse embate cotidiano que a configuração do profissionalismo se processa.

Assim entendida, a competência profissional é contextualizada histórica e socialmente e se desenvolve orientada, como aponta Markert, por um compromisso claro com a formação integral das pessoas. Se educar é um ato eminentemente social, o fato de o professor não estar isolado em suas relações profissionais e sociais assegura, como pensam Bronckart e Dolz, a resposta social a ações realizadas, proporcionando a referência que orienta a ação, que requer um conhecimento profissional como pressuposto para a tomada de decisões profissionais.

Para ser um professor competente, é preciso ter qualidades profissionais capazes de sustentar a prática pedagógica, que tem por objetivo favorecer o desenvolvimento da aprendizagem de seus alunos. O ponto de encontro entre as qualidades docentes e as que os alunos precisam desenvolver refere-se a capacidades subjetivas, intelectuais, físicas, sociais, estéticas, éticas (Libâneo, 2004). Segundo Rios (2002), a competência guarda o sentido de "saber fazer bem" o trabalho, que, como construção social, tem referências historicamente situadas. Concordamos com a autora ao considerar a competência uma totalidade que abriga em seu interior uma pluralidade de propriedades, portanto impossível de ser compartimentada e estampada em listas ou conjuntos a serem perseguidos.

Afastamo-nos, portanto, de entendimentos que carreguem marcas herdadas de correntes pedagógicas tecnicistas ou de perspectivas behavioristas, que acabam por normatizar os processos de ensino--aprendizagem, engessando as práticas de professores e alunos, impondo-lhes o ponto de partida, o caminho e o lugar de chegada. As opções pedagógicas trazem a marca dos modos de ensinar e aprender, o que se traduz em maneiras precisas de orientar o pensar, o fazer, o sentir, o significar.

O ensino, como outros tipos de trabalho, requer para a sua plena realização um profissional que saiba dar conta das ações a serem empreendidas. Nesse caso, o profissional com tal capacidade é o professor, que desenvolve as bases sustentadoras de sua prática por meio de um processo de formação profissional que lhe assegure o preparo e a capacitação para exercer um trabalho que requer conhecimentos e habilidades específicas. Como o campo de trabalho do professor é o ensino, deduz-se que sua formação consiste então no processo por meio do qual ele aprende e reaprende a ensinar, processo esse que envolve a formação inicial e a continuada, fazendo-se presente ao largo de toda a carreira.

Esse longo percurso de formação docente tem como objetivo propiciar um domínio adequado da ciência, da técnica e da arte da profissão docente, além de permitir o desenvolvimento de sua competência profissional. Para que os professores se constituam como sujeitos responsáveis pela organização do processo de ensino, é essencial a apropriação de importantes componentes do trabalho educativo, como os objetivos, as técnicas, os saberes, os resultados do próprio trabalho, a situação profissional vivida e o seu papel social. É a compreensão dessa trama complexa, com base em uma sólida articulação entre os saberes teóricos e práticos, que permite a tomada das decisões que sustentam as ações pedagógicas.

Entendemos também que a competência docente é resultante de uma articulação entre a formação profissional e os demais aspectos que configuram a atuação dos professores – contexto social de atuação, ética, condições de trabalho, carreira, salário, jornada, avaliação profissional –, e por isso a docência pode ser considerada uma profissão dinâmica, em constante desenvolvimento, o que faz da cultura profissional um processo também em permanente transformação (Almeida, 1999a). Porém, se essa articulação não ocorre, as novas possibilidades formativas, pensadas para responder ao dinâmico processo de mudanças sociais e educacionais, acabarão apenas por adicionar mais atribuições à sobrecarga que lhe é imposta na atualidade.

Por isso alguns autores (Gauthier *et al.*, 1998; Imbernón, 1994; Alarcão, 1998; Pimenta, 2002) argumentam sobre a importância de uma concepção ecológica da formação docente, que leve em conta o entorno, o indivíduo, o coletivo, a instituição, a comunidade, as bases implícitas subjacentes, as decisões e as atitudes do professorado em um contexto específico – a escola e a aula –, capaz de tornar mais eficiente sua atuação e os saberes que a sustentam. Ou seja, uma formação que tenha a prática educativa e o ensinar como objeto de análise, que assegure os elementos que permitam aos professores compreender as relações entre a sociedade e os conhecimentos produzidos, e que os ajude a desenvolver a atitude de pesquisar como forma de aprender.

Os argumentos expostos evidenciam as bases teórico-metodo-

EDUCAÇÃO E COMPETÊNCIAS: PONTOS E CONTRAPONTOS

lógicas que sustentam nossa concepção a respeito da formação de professores como pressuposto de uma atuação competente. Delas decorrem os elementos norteadores de um conceito de prática docente competente, que necessariamente precisa evitar vínculos com as modas pedagógicas, sustentadas em conceitos voláteis e pouco precisos, bem como a acomodação aos recursos curriculares, didáticos e tecnológicos disponíveis. Ao contrário, esses elementos precisam embasar o desenvolvimento de uma prática fundamentada, crítica e emancipatória, capaz de contribuir para a transformação da realidade social. Vejamos então alguns desses elementos essenciais à prática dos professores competentes.

A imprescindível articulação entre teoria e prática na atuação docente

Como citado anteriormente, Kuenzer (2002, p. 18) afirma que

> a escola é o lugar de aprender a interpretar o mundo para poder transformá-lo, a partir do domínio das categorias de método e de conteúdo que inspirem e que se transformem em práticas de emancipação humana em uma sociedade cada vez mais mediada pelo conhecimento.

Efetivar esse papel da escola em contextos sociais díspares e muitas vezes adversos depende, em grande parte, dos professores.

Se a função específica desses profissionais é a condução do processo do ensino-aprendizagem, desenvolvê-la com o apoio dos conhecimentos derivados de teorias do desenvolvimento, da aprendizagem e do ensino é essencial para assegurar o antídoto às proposições pedagógicas instrumentais que separam concepção de execução. É essa articulação que lhes oferece a base crítica para problematizar o modo de configuração da escola e das práticas cotidianas aí realizadas e possibilita a elaboração de proposições críticas e criativas aos desafios cotidianos que invadem a prática docente. Também é essa articulação que favorece a compreensão da dimensão política do ato pedagógico, permitindo o desenvolvimento de uma educação capaz de formar os alunos como cidadãos críticos, ativos e participantes responsáveis do processo de transformação social.

O conhecimento do que deve ser ensinado

Como já mencionado, para Meirieu (2004, p. 36) "a escola é, em primeiro lugar, a instituição que faz do futuro seu princípio. E que, para preparar o futuro, se outorga a missão de transmitir o passado". Propiciar essa inserção dos estudantes no legado do passado e prepará-los para atuar no presente, sem esquecer de olhar para o futuro de modo responsável e problematizador, requer ter em mira as necessidades sociais mais amplas, já que vivemos num mundo comum. Isso confere à escola um lugar privilegiado em meio aos múltiplos modos e espaços de transmissão desse legado, além da função de instigar a curiosidade.

Fomentar a curiosidade exige conhecimento. Ela não surge do nada, como afirma Meirieu. Requer uma compreensão prévia da situação e a percepção de que o já sabido é insuficiente ou incompleto para permitir uma saída ou solução para o que é desafiador. Portanto, a ação dos professores precisa levar em conta tanto os conteúdos pertinentes à situação em pauta como também acompanhar o desenvolvimento dos estudantes, que possuem níveis muito diversos de informações prévias e de desejos de saber mais. Assim, fazer da curiosidade um meio de chegar ao desejo de aprender constitui um dos maiores desafios do trabalho docente.

Mas a curiosidade não pode correr de modo totalmente livre nesse universo. A escola trabalha com um conjunto delimitado de conhecimentos que devem ser obrigatoriamente apreendidos pelos estudantes na preparação para a vida adulta. São os conteúdos curriculares social e historicamente estabelecidos, e é da competência dos professores ensiná-los, o que exige uma formação especializada consistente.

Assegurar a integração entre os conteúdos que serão estudados e sua dimensão pedagógica é requisito básico do trabalho docente, e para tanto os professores necessitam ter uma compreensão de seu campo científico fundamentada numa compreensão didático-pedagógica. É essa compreensão que permitirá ao professor estruturar seu pensamento pedagógico e explicitar as opções metodológicas e os recursos para o ensino. A definição dos conteúdos da aprendizagem é a coluna estruturante do desenvolvimento dos procedimentos, atitudes e valores que necessariamente deverão ser buscados no processo de ensino-aprendizagem, e que estão ligados aos conteúdos que lhes asseguram significado e sentido.

A ação de ensinar

Importante considerar inicialmente que aprender não é a mesma coisa para todos. O desenvolvimento das potencialidades de cada um requer que suas particularidades sejam levadas em conta ao longo do processo formativo, isto é, que seja respeitado como pessoa em suas particularidades. Assegurar a compreensão crítica a respeito dos processos de ensinar e aprender é importante porque proporciona aos professores a possibilidade de questionar suas crenças e práticas, bem como as dos seus parceiros, as dinâmicas institucionais, as propostas e orientações oficiais etc.

A ação de ensinar não é um mero recurso instrumental ou uma

VALÉRIA AMORIM ARANTES (ORG.)

técnica que permite atingir metas abstratamente, como afirma Sacristán (1999). Ensinar pressupõe a realização de uma análise ampla das situações, o estabelecimento de opções e compromissos, a liberdade para definir escolhas e pensar de modo contextualizado, o que caminha na direção oposta ao improviso e rechaça as tentativas de controle. É uma ação única, que requer critérios para orientá-la. Trata-se de um trabalho intelectual que tem a autonomia e a responsabilidade como parte de seus pilares essenciais.

Para Contreras (2002, p. 185), "a autonomia supõe um processo contínuo de descobertas e de transformação das diferenças entre nossa prática cotidiana e as aspirações sociais e educativas de um ensino guiado pelos valores da igualdade, justiça e democracia". Sendo assim, como então tutelar a ação docente? É verdade que muitas das investidas burocráticas caminham nessa direção, porém a realidade tem evidenciado o equívoco que lhes é subjacente, uma vez que investem na resposta técnica de caráter universal, a ser aplicada em qualquer situação ou contexto, como se fosse possível alcançar sucesso uma "resposta científica", formulada por especialistas que não vivem o cotidiano escolar.

Ensinar significa fazer escolhas constantes dentre as inúmeras possibilidades no campo das atividades, dos métodos e técnicas que se mostram eficientes, do modo de avaliar, dos pressupostos orientadores das interações com os alunos e com a comunidade escolar. São essas escolhas que explicitam o modo de pensar de cada professor sobre educação, escola e ensino. E elas não são neutras, o que requer reflexão mediada pela ética para que se caminhe na direção de seu aperfeiçoamento. Em outras palavras, são as escolhas pedagógicas carregadas de intenções, motivos e valores que constituem a marca de cada professor em particular.

Combater a exclusão escolar

Uma escola que exclui não é uma Escola. É um centro de formação, um clube de desenvolvimento pessoal, um centro de treinamento para concursos, um organismo provedor de mão de obra ou uma colônia de férias de uma elite social.

É com esse alerta de Meirieu (2004, p. 49) que apontamos a profundidade do problema da exclusão social presente hoje na escola. O avanço da globalização tem aumentado a complexidade das relações sociais, o que traz para a escola um conjunto novo e crescente de demandas que tornam o trabalho docente mais difícil e desafiador. Filmes como *Pro dia nascer feliz*[3] e *Entre os muros da escola*[4] são registros dessa situação. Porém, mesmo em meio às circunstâncias precárias de vida, todos os dias inúmeras crianças e jovens evidenciam que o potencial para aprender e se apropriar das formas mais elaboradas de cultura está presente em qualquer segmento social.

Enquanto espaço verdadeiramente público, a escola deve atender às crianças e aos jovens indistintamente, já que por vocação é uma instituição aberta a todos. Na medida em que cresce a distância entre os que conseguem usufruir dos avanços sociais, econômicos, culturais e tecnológicos e os que estão à margem da sociedade, vemos a educação deixar de ser um direito e transformar-se em mercadoria que pode ser adquirida por poucos, já que crescem vertiginosamente as opções voltadas aos segmentos sociais privilegiados, em detrimento dos investimentos na escola pública.

---

3. Documentário brasileiro de 2006, dirigido por João Jardim.

4. Filme francês de 2008, dirigido por Laurent Cantet, vencedor da Palma de Ouro no Festival de Cannes.

Hoje a qualidade social da educação escolar precisa transcender os recortes de grupos sociais e ser acessível a todos. Compreender a profundidade das circunstâncias que tornam tão difícil o trabalho dos professores nas salas de aula é essencial para que eles percebam quanto são importantes e insubstituíveis no esforço de possibilitar as condições pedagógicas e afetivas capazes de assegurar o aprendizado da leitura e da escrita, uma formação científica básica, uma percepção estética e ética do mundo e das relações, o desenvolvimento de capacidades cognitivas, operativas e relacionais. Só assim a escola e os professores poderão ajudar os alunos a compreender os significados da cultura, da ciência e da tecnologia e deles participar de modo crítico e criativo.

Como ideia final, queremos reafirmar que nosso entendimento acerca do processo de formação e atuação do professor está assentado na compreensão que temos a respeito do papel desse profissional no mundo contemporâneo, não só como responsável pelas ações que desenvolve em sala durante a aula, mas também como participante nas decisões que lhe são pressupostas, como as opções político-educacionais relativas ao currículo, aos projetos, à disciplina, à avaliação etc. Entendemos então que cada vez mais ele precisa se constituir como um profissional que toma decisões, avalia, seleciona e constrói sua forma de agir e interagir com os educandos, mediando o contato com o mundo do conhecimento. Ou seja, ele precisa assumir-se como um intelectual profissional da educação, para o que sua formação tem contribuição imprescindível.

Referências bibliográficas

ALARCÃO, I. "Formação contínua como instrumento de profissionalização docente". In: VEIGA, I. P. A. (org.). *Caminhos da profissionalização do magistério*. Campinas: Papirus, 1998, p. 99-122.

ALMEIDA, M. I. *O sindicato como instância formadora dos professores: novas contribuições ao desenvolvimento profissional*. 1999a. Tese (doutorado em Educação) – Universidade de São Paulo.

_____. "Os professores diante das reformas educacionais". In: BICUDO, M. A.; Silva Jr., C. A. *Formação do educador e avaliação educacional: organização da escola e do trabalho pedagógico*, v. 3. São Paulo: Unesp, 1999b, p. 249-61.

ARAUJO, T. M. L. *Desenvolvimento de competências profissionais*. 2001. Tese (doutorado em Educação) – Universidade Federal de Minas Gerais, Belo Horizonte.

BAUDOUIM, J. M. "A competência e a questão da atividade: rumo a uma nova conceituação didática da formação". In: DOLZ, Joaquim; OLLAGNIER, Edmée. *O enigma da competência em educação*. Porto Alegre: Artmed, 2004, p. 151-72.

BLAIN, D. "A perspectiva das competências: perspectivas de práticas emergentes". In: DOLZ, Joaquim; OLLAGNIER, Edmée. *O enigma da competência em educação*. Porto Alegre: Artmed, 2004, p. 131-50.

BRASIL. *Lei de diretrizes e bases da educação nacional* (LDBEN 9394/96). 1996. Disponível em: <http://www.planalto.gov.br/ccivil_03/LEIS/l9394.htm>. Acesso em abr. 2009.

BRASIL, CNE/CEB. *Diretrizes curriculares nacionais (educação básica)*. 2001. Disponível em: <http://www.dominiopublico.gov.br/download/texto/me002630.pdf>. Acesso em abr. 2009.

BRASIL, CNE/CEB. *Diretrizes curriculares para o ensino médio*. Parecer n. 15, 1º jun. 1998. Disponível em: <http://www.cefetce.br/Ensino/Cursos/Medio/parecerCEB15.htm>. Acesso em abr. 2009.

BRASIL, CNE/CP. *Diretrizes curriculares nacionais para a formação de professores da educação básica em nível superior, curso de licenciatura, de graduação plena*. "Parecer

VALÉRIA AMORIM ARANTES (ORG.)

CNE/CP 9/2001 – Homologado". Disponível em: <http://portal.mec.gov. br/cne/arquivos/pdf/009.pdf>. Acesso em abr. 2009.

BRASIL, MEC–INEP. *Exame Nacional do Ensino Médio – Documento básico.* 2000. Disponível em: < http://www.inep.gov.br/download/enem/1999/docbas/ docbas1999.doc>. Acesso em set. 2009.

BRASIL, Ministério da Educação (MEC). *Parâmetros curriculares nacionais (ensino médio).* 2000. Disponível em: <http://portal.mec.gov.br/seb/arquivos/pdf/ blegais.pdf>. Acesso em abr. 2009.

BRONCKART, J. P.; DOLZ, J. "A noção de competência: qual é a sua pertinência para o estudo da aprendizagem das ações de linguagem?" In: DOLZ, Joaquim; OLLAGNIER, Edmée. *O enigma da competência em educação.* Porto Alegre: Artmed, 2004, p. 29-46.

CONNE, F.; BRUN, J. "A noção de competência, reveladora de fenômenos de transposição do ensino de matemática". In: DOLZ, Joaquim; OLLAGNIER, Edmée. *O enigma da competência em educação.* Porto Alegre: Artmed, 2004, p. 97-116.

CONTRERAS, J. *A autonomia de professores.* São Paulo: Cortez, 2002.

CORTELLA, M. S. *A escola e o conhecimento: fundamentos epistemológicos e políticos.* São Paulo: Cortez/Instituto Paulo Freire, 2000.

FREITAS, H. C. L. "Certificação docente e formação do educador: regulação e desprofissionalização". *Educação e Sociedade,* Campinas, v. 24, n. 85, dez. 2003, p. 1095-124. Disponível em <http://www.scielo.br/scielo.php?script=sci_ arttext&pid=S0101-73302003000400002&lng=en&nrm=iso>.

GAMBOA, S. S. "Saberes escolares e conhecimento: conflito das pedagogias da resposta e as pedagogias da pergunta". s/d. Disponível em: <http://www. geocities.com/grupoepisteduc/arquivos/sabereseconhecimento.doc>. Acesso em abr. 2009.

GAUTHIER, C. *et al. Por uma teoria da pedagogia.* Ijuí: Unijuí, 1998.

IMBERNÓN, F. *La formación del profesorado.* Barcelona: Paidós, 1994.

ISAMBERT-JAMATI, V. "O apelo à noção de competência na revista 'L'Orientation Scolaire et Professionelle': da sua criação aos dias de hoje". In: ROPÉ, Françoise; TANGUY, Lucie (orgs.). *Saberes e competências: o uso de tais noções na escola e na empresa*. Campinas: Papirus, 1997.

KUENZER, A. "Conhecimento e competências no trabalho e na escola". *Boletim Técnico do Senac*, Rio de Janeiro, v. 28, n. 2, p. 3-11, ago. 2002. Disponível em: <www.senac.br/BTS/282/boltec282a.htm>. Acesso em abr. 2009.

LE BOTERF, G. *Desenvolvendo a competência dos profissionais*. Porto Alegre: Artmed, 2003.

LESSARD, C. "A universidade e a formação profissional dos docentes: novos questionamentos". *Educação e Sociedade*, Campinas, v. 27, n. 94, jan.-abr. 2006. Disponível em: <http://www.scielo.br/scielo.php?script=sci_arttext&pid=S0101-73302006000100010&lng=en&nrm=iso>. Acesso em abr. 2009.

LIBÂNEO, J. C. *Organização e gestão da escola*. Goiânia: Alternativa, 2004.

MARKERT, W. "Trabalho e comunicação: reflexões sobre um conceito dialético de competência". *Educação e Sociedade*, Campinas, v. 23, n. 79, ago. 2002. Disponível em: <http://www.scielo.br/pdf/es/v23n79/10854.pdf>. Acesso em abr. 2009.

MEIRIEU, P. *En la escuela hoy*. Barcelona: Octaedro, 2004.

MELLO, G. N. "Formação inicial de professores para a educação básica: uma (re)visão radical". *São Paulo em Perspectiva*, v. 14, n. 1, p. 98 -110, 2000. Disponível em: <http://www.scielo.br/pdf/spp/v14n1/9807.pdf>. Acesso em abr. 2009.

MORETTI, V. D. *Professores de matemática em atividade de ensino: uma perspectiva histórico-cultural para a formação docente*. 2007. Tese (doutorado em Educação) – Universidade de São Paulo.

PÉREZ GÓMEZ, A. "O pensamento prático do professor: a formação do professor como profissional reflexivo". In: NÓVOA, A. (org.). *Os professores e sua formação*. Lisboa: Dom Quixote, 1992, p. 93-114.

PERRENOUD, P. *Construir as competências desde a escola*. Porto Alegre: Artmed, 1999.

PIMENTA, S. G. "A didática como mediação na construção da identidade do professor: uma experiência de ensino e pesquisa na licenciatura". In: OLI-VEIRA, M. R. N. S. *Alternativas ao ensino de didática*. Campinas: Papirus, 1997, p. 37-69.

_____. "Professor reflexivo: construindo uma crítica". In: PIMENTA, S. G.; GHE-DIN, E. (orgs.). *Professor reflexivo no Brasil: gênese e crítica de um conceito*. São Paulo: Cortez, 2002, p. 12-52.

PIMENTA, S. G. (org.). *Saberes pedagógicos e atividade docente*. São Paulo: Cortez, 2000.

RAMOS, M. N. *A pedagogia das competências: autonomia ou adaptação?* São Paulo: Cortez, 2006.

_____. *Da qualificação à competência: deslocamento conceitual na relação trabalho--educação*. 2001. Tese (doutorado em Educação) – Universidade Federal Fluminense, Niterói.

REY, B. *As competências transversais em questão*. Porto Alegre: Artmed, 2002.

RIOS, T. A. *Compreender e ensinar: por uma docência da melhor qualidade*. São Paulo: Cortez, 2002.

_____. *Ética e competência*. São Paulo: Cortez, 2001.

ROPÉ, Françoise; TANGUY, Lucie (orgs.). *Saberes e competências: o uso de tais noções na escola e na empresa*. Campinas: Papirus, 1997.

SACRISTÁN, J. G. "Consciência e acção sobre a prática como libertação profissional dos professores". In: NÓVOA, A. (org). *Profissão professor*. Porto: Porto, 1991, p. 61-92.

_____. *Poderes instáveis em educação*. Porto Alegre: Artmed, 1999.

SANTOS, Milton. "Os deficientes cívicos". *Folha de S.Paulo*, 24 jan. 1999. Mais!

THERRIEN, J.; LOIOLA, F. A. "Experiência e competência no ensino: pistas de reflexões sobre a natureza do saber-ensinar na perspectiva da ergonomia do trabalho docente". In: *Educação e Sociedade*. Campinas, v. 22, n. 74, abr. 2001. Disponível em: <http://www.scielo.br/scielo.php?script=sci_arttext&pid=S0101-73302001000100009&lng=en&nrm=iso>. Acesso em abr. 2009.

PARTE II
Pontuando e contrapondo

Joan Rué
Maria Isabel de Almeida

Joan: A lógica da instituição escolar é estar sempre por trás do desenvolvimento e das demandas sociais. Mais uma vez, vemos isso no tema das competências. Mas essa relação subsidiária tem de ser uma relação de dependência profissional? É necessário que seja uma relação limitadora do profissionalismo docente ou mais uma relação enriquecedora deste?

Maria Isabel: Será que à escola está reservada apenas a possibilidade de estar sempre se adaptando às demandas do momento? Será que não podemos investir numa educação escolar que também proponha modos de pensar, de agir, de organizar a vida e a sociedade? Acredito que não cabe à escola apenas ficar à espera do que lhe solicita – ou impõe – o mundo exterior, hoje orientado pelas regras da globalização, embora seja importante assinalar que ela não pode fugir do meio em que se encontra inserida e nem é capaz de dar conta sozinha das transformações sociais. Porém, acredito que a escola precisa se comprometer, junto com outros parceiros, com um projeto social democrático e includente, com caráter transformador, no qual permanentemente esteja em discussão qual cidadão se deseja formar, quais valores devem ser desenvolvidos, para qual sociedade, para que tipo de relações de trabalho etc.

Pensar a prática docente dessa perspectiva pressupõe então pensar a escola e suas relações com o meio social, o que a torna palco de relações complexas e contraditórias, pois assim é o meio em que vivemos. A atual sociedade do conhecimento impõe sucessivas e rápidas mudanças aos modos de agir, viver e conviver, para o que as crianças e os jovens precisam se preparar. Porém, a escola e seus professores não podem desconhecer que essa mesma sociedade é regida pelos interesses corporativos da economia do conhecimento. Assim, o trabalho docente, por ser sempre uma ação em contexto, insere-se no âmago da dinâmica social, o que coloca aos professores o dever de lidar com as demandas presentes na sociedade, com suas contradições e também com a construção de novos horizontes.

Se essas são as circunstâncias que emolduram o fazer docente, é importante ressaltar que a maior parte dos professores trabalha hoje em escolas frequentadas por jovens que vivem em condições precárias, envoltos por situações de violência e tentados pelos valores do consumo exacerbado. Como o ato de ensinar constitui uma prática social, que é também cognitiva e intelectual, cabe aos professores contribuir para que os jovens sejam capazes de compreender a lógica social imperante, de se inserir no mundo de modo responsável e de se recusar a assumir uma existência instrumentalizada pelos interesses socioeconômicos hegemônicos, ao mesmo tempo que se preparam para o exercício de atividades profissionais dignas e socialmente valorizadas.

Aos professores que têm de construir e reconstruir seu profissionalismo no seio das escolas, vivendo experiências cada vez mais desafiadoras, é bom lembrar os ensinamentos de Paulo Freire, em seu livro *Pedagogia da autonomia* (1996, p. 24), ao afirmar que "quando vivemos a autenticidade exigida pela prática de ensinar-

EDUCAÇÃO E COMPETÊNCIAS: PONTOS E CONTRAPONTOS

-aprender, participamos de uma experiência total, diretiva, política, ideológica, gnosiológica, pedagógica, estética e ética, em que a boniteza deve achar-se de mãos dadas com a decência e com a seriedade". Nessas palavras evidenciam-se bases para a atuação dos professores na direção de reinventar as características de um trabalho singular, em que a competência profissional se constitui e se aprofunda no próprio exercício de ensinar e também de aprender a própria profissão a cada dia.

O profissionalismo docente assenta-se em dois pilares principais: o domínio dos conhecimentos científicos e a capacidade de avaliação crítica e ética do contexto e das práticas a serem desenvolvidas. Assim, para trabalhar com as propostas pedagógicas do momento — e a pedagogia das competências é uma delas —, é necessário que os professores tenham uma ideia clara do que elas significam, saibam com o que contam e o que precisam ter para colocá-las em prática.

Joan: No texto, faz-se uma crítica muito oportuna e acertada às dinâmicas que costumam ser promovidas com base nas administrações para introduzir mudanças na escola. Como mudar essas dinâmicas? Como criar outras dinâmicas de mudança que expliquem, integrem e reforcem profissionalmente os professores em vez de reduzi-los a simples aplicadores de iniciativas externas a eles e à lógica de seu trabalho? Como isso poderia acontecer no Brasil? E por meio de quais linhas de ação e de quais orientações?

Maria Isabel: Comecemos por aprofundar um pouco mais a compreensão sobre o processo de desprofissionalização dos professores vigente em nosso país. É reconhecido que as transformações sociais contemporâneas tornaram inquestionável a preponderância do conhecimento nas atividades produtivas e em todos os outros aspectos da vida humana, o que requer novos modos de formação das pessoas. Esse cenário coloca demandas aos processos formativos, especialmente aos que se desenvolvem na escola, e por isso ela não pode deixar de implementar mudanças capazes de transformar as ideias e as práticas educacionais anteriormente instituídas.

Como então dar conta do conjunto de alterações que devem se processar no espaço educacional? Que papel desempenham os professores na implementação das mudanças?

Implementar mudanças no campo da educação pressupõe estabelecer novos objetivos capazes de levar a novas maneiras de planejar, organizar o conhecimento, ensinar, avaliar etc. Daí os professores terem de aprender a fazê-las segundo as novas bases propostas socialmente, o que significa que a mudança só se desenvolve dentro das escolas se for por eles concretizada. Por isso ela não pode ser imposta por decreto.

Portanto, um processo de implantação de mudanças tem de levar em conta a dimensão da formação dos professores. Um processo de mudança tem de envolver os professores desde sua fase de elaboração e prever um programa de formação contínua capaz de responder aos novos desafios que eles enfrentam cotidianamente. Sem essas condições, a reforma não sairá do papel ou será implantada de forma caricata, provocando resistência entre os professores.

Entre nós, a experiência tem mostrado que os professores não contam, no esforço de inovar o trabalho educativo, com os recursos necessários para investir na qualidade educacional, seja no campo da formação em serviço, seja nas relações intraescolares, nos recursos materiais e didáticos, na valorização profissional. E eles sabem que não é possível renovar o modo de lidar com os conteúdos, que envolvem a metodologia e a didática do ensino, sem as bases e os meios necessários para fazê-lo.

Em muitas "reformas", temos assistido à desqualificação do trabalho do professor e à sua desvalorização profissional. Marcadas por características fortemente autoritárias e apoiadas no pressuposto de que o professor é o único responsável pela eficácia da mudança, reduzem-se a prescrever os procedimentos para que se atinja o êxito almejado pelos gestores dos sistemas de ensino.

As políticas educacionais vigentes dificultam o desenvolvimento de um novo profissionalismo docente. O processo de desqualificação imposto à profissão leva à perda da autonomia no trabalho, fazendo que a docência seja reduzida ao cumprimento de tarefas prescritas externamente. Assim, os professores perdem a possibilidade de realizar um trabalho pedagogicamente integrado, de ter uma compreensão de conjunto do que realizam e de decidir sobre seu rumo e seu sentido.

Na verdade, estou reforçando a necessidade de tratar a docência como uma profissão dinâmica, em desenvolvimento, na qual os professores tomam para si a responsabilidade que lhes compete ao se definirem os rumos da mudança educacional. Significa também reconhecer a profissão como lócus de produção de conhecimento; e os professores, como sujeitos históricos capazes de produzi-lo.

Portanto, implementar reformas educacionais requer reconhecer que as escolas constituem espaços políticos sustentados pelo compromisso de todos os envolvidos com a qualidade do trabalho, com o conhecimento e com a democracia nas relações entre gestores, professores e alunos.

Joan: O enfoque das competências comporta a modificação do conceito de atividade de ensino e de aprendizagem. Nesse mesmo sentido, como é possível integrar os professores no debate sobre a introdução prática do enfoque das competências em sua metodologia? Que tipo de formação deveria ser proporcionado a eles?

Maria Isabel: A formação dos professores que estão em serviço precisa fazer parte de um processo de desenvolvimento profissional, de modo a promover a articulação entre as circunstâncias de trabalho, as referências teóricas advindas do pensamento pedagógico e as experiências práticas dos envolvidos com o cotidiano escolar. A articulação desse tripé, tendo a realidade do trabalho escolar como núcleo da formação em serviço, é essencial para que os professores possam compreender as razões e as dificuldades de seus atos, as bases teóricas e políticas que sustentam suas opções pedagógicas, a interação da própria experiência com a dos demais professores e a importância social do seu trabalho na formação de crianças e jovens.

Se a transformação positiva do atendimento escolar é de extrema relevância na atualidade e a formação sustentada no desenvolvimento das competências constitui a característica nuclear de inúmeras propostas educacionais, a reorientação das práticas docentes tem de ser colocada em discussão nos horários pedagógicos coletivos das escolas. Rever os papéis de professores e alunos nos processos de ensino e reorganizar as estratégias de abordagem dos conteúdos curriculares, de modo que o estudo faça sentido para as experiências de vida dos alunos, faz parte da necessária inovação do trabalho escolar. Não há modelos padronizados de ação e nem cartilha que deem conta de orientar tudo que deve ser feito nas salas de aula. A padronização do ensino, muitas vezes buscada por iniciativas de reformas educacionais, apenas enfraquece e debilita o processo de ensino-aprendizagem, retira dos professores a dimensão criativa de seu fazer e acaba por estimular a manutenção de práticas convencionais e desgastadas.

Repensar o currículo, organizar projetos individuais ou coletivos de trabalho, articulados com o projeto pedagógico da escola, reposicionar a avaliação no seio do projeto de ensino, promover a integração de campos disciplinares, articular o ensino com a vida comunitária, promover a integração entre os alunos, destes com os professores e das famílias com a escola, e outras tantas dimensões do trabalho docente, não são questões que possam ser resolvidas solitariamente. São demandas do coletivo escolar, que requerem capacidade político-pedagógica de toda a equipe, bem como compromisso profissional dos envolvidos. Assim, a formação contínua deve ser espaço do fortalecimento do profissionalismo docente e de enriquecimento de toda a escola.

Joan: Como passar da representação do modelo de competências baseado na noção da separação entre a mão e o cérebro, o agir e o pensar, para uma representação fundamentada na complexidade do fato de conhecer, quando pensamento e ação se fundem em uma ação contextualizada?

Maria Isabel: Os enfoques organizadores do ensino sustentados no desenvolvimento de habilidades e competências procedimentais buscam estabelecer mecanismos de regulação e rotinas a serem mecanicamente cumpridos e não conseguem dar conta da tão criticada distância que se estabelece entre os ensinamentos escolares e a realidade da vida. Assim orientado, o ensino fragmenta a compreensão e dificulta a possibilidade de os alunos se constituírem como sujeitos sociais plenos e responsáveis. Isso é o oposto do que vem se configurando como necessidades estabelecidas pela sociedade do conhecimento, em que a formação sustentada por uma sólida compreensão e apropriação dos conhecimentos, baseada na criatividade, na engenhosidade, na flexibilidade para lidar com as circunstâncias sociais e laborais, é definida como essencial ao desenvolvimento pessoal e social.

Se as habilidades e os procedimentos são qualidades necessárias ao processo de apropriação do conhecimento e de ação em sua aplicação e produção, a formação escolar precisa ir muito além do treinamento ou adestramento de crianças e jovens. Ela não pode se centrar no preparo técnico dos estudantes para responder às provas e permitir às escolas, aos sistemas educacionais e ao próprio país ocupar uma boa posição nos *rankings* nacionais e internacionais. Ensinar e aprender constitui uma combinação complexa, que deve propiciar aos jovens uma formação que vá além de preparar a força de trabalho adequada às necessidades do mercado sustentador da sociedade de consumo. Antes de tudo, a formação precisa assegurar que todos aprendam, que sejam produtivos, que saibam se comunicar, que possuam sentimentos e valores apoiados na responsabilidade coletiva. Precisa estar a serviço de assegurar uma vida com qualidade para todos e o preparo para uma ação social compromissada, democrática, responsável e transformadora. Só assim é possível avançar no combate à exclusão educacional e social.

Em sua atuação profissional, o professor toma decisões diante das situações concretas do dia a dia, e para isso lança mão de um conjunto de conhecimentos específicos. Ele também estabelece relações com seus pares e com o espaço escolar como um todo. É na combinação dessa base de conhecimentos teóricos com a prática que o professor vai adequando sua formação às exigências de sua atividade profissional, num processo contínuo de desenvolvimento profissional.

O trabalho dos professores, nessa perspectiva, envolve fazer que os jovens cultivem o interesse por aprender, a curiosidade, a criatividade. O pleno desenvolvimento da capacidade cognitiva dos estudantes requer ações pedagógicas inventivas, sustentadas na pesquisa e na descoberta, no trabalho coletivo, na resolução de problemas, na colaboração em rede, na compreensão interdisciplinar e articulada das áreas de conhecimento. Para uma atuação com essas características, os docentes precisam ter formação profissional permanente, desenvolver-se no plano pessoal e cultural, aprofundar o compromisso com a melhora dos processos de ensino e as necessidades sociais, ter um ambiente adequado de trabalho e o reconhecimento social por suas ações.

Novos modos de aprender requerem novos modos de ensinar. Não é mais possível sustentar o longo período de atuação na carreira docente apenas com os conhecimentos obtidos durante a formação inicial. Também não é mais aceitável o aprimoramento da ação pedagógica por meio de ensaio e erro. Há que se trabalhar na direção de instaurar uma nova cultura profissional em que a atualização, a revisão e o aprimoramento das bases pedagógicas da atuação docente sejam a bússola da permanente aprendizagem profissional.

Em parte significativa da bibliografia disponível sobre a organização do ensino por competência, o conhecimento perde espaço nas proposições ou orientações para o trabalho docente, o que tem permitido uma leitura, muitas vezes reducionista, de que o trabalho com o conhecimento não é mais necessário. Qual a sua concepção de conhecimento e como você explicita o seu papel na proposição do ensino organizado para o desenvolvimento das competências? Quais as consequências de compreendê-lo como "um meio" ou "um caminho necessário" para o desenvolvimento das competências estabelecidas? Retirar do conhecimento a centralidade nos processos de ensino não significa render-se às perspectivas prevalecentes na sociedade contemporânea, que são extremamente injustas para a maioria da população?

Joan: Quando se aborda uma proposta educativa nova, entendida como uma proposta de trabalho que altera as convenções que temos sobre a prática profissional atual – o que se faz, o que é preciso fazer, como, com quem, onde focalizar os esforços etc. –, parece-me importante lembrar os principais desafios, os mais estratégicos, e avaliar se a proposta traz contribuições significativas com relação a eles.

Na Espanha, por exemplo, onde a proposta de competências está começando a ganhar terreno, temos um percentual global superior a 30% dos jovens que, ao término da escolarização obrigatória, não atingem os níveis mínimos exigidos para essa etapa formativa básica. São várias as razões apresentadas para explicar esse nível elevado de disfunção do sistema. Porém, talvez a maneira de enfocar o conhecimento nas escolas, de modo padronizado para todos, baseado em importantes graus de fragmentação – por disciplinas, por temas, horários, lições e atividades –, tenha algo a ver com esse fenômeno.

Efetivamente, a hipótese na qual se fundamenta a escola, do modo como está organizada em muitos lugares, é que cada unidade de conhecimento adquirida pelo aluno pode ser incorporada por ele em uma estrutura pessoal de conhecimento, que vai passar a integrá-la e dotá-la de sentido (aprendizagem significativa), relacionando cada uma dessas contribuições conceituais, procedimentais etc. com os aprendizados prévios do aluno, que se supõe que sejam sólidos.

Em outras palavras, assume-se que, com aquilo que é oferecido ao aluno de forma desagregada, ele conseguirá: 1) compreender adequadamente; 2) saber vincular com outras atividades e aprendizagens; 3) ser capaz de dar a tudo isso um sentido pessoal e aplicado. Lamentavelmente, tal hipótese nem sempre se cumpre, especialmente naqueles segmentos de alunos com menor capital cultural (entendido como apoio familiar ou dos iguais, como viver em meios relativamente formativos ou estimulantes, preocupados com o que ele faz e aprende etc.). Talvez também não se cumpra para setores com menor índice de fracasso, porém, provavelmente, o fato de esses setores terem mais tempo de escolarização, por exemplo, por meio do Ensino Médio, não obrigatório, lhes permite realizar com mais tempo e com outras oportunidades o que não conseguiram dominar antes.

Um segundo argumento trataria de explicar aqueles níveis de disfuncionalidade e injustiça. De injustiça, porque em uma sociedade complexa um importante setor da população é deixado sem recursos para entender a si mesmo e sem uma certificação necessária que lhe garanta acesso a trabalhos com um mínimo de qualidade e de reconhecimento social. Esse argumento acentuaria o fato de que o conhecimento transmitido pela escola tem

VALÉRIA AMORIM ARANTES (ORG.)

como principal referencial para a sua seleção e aprendizagem os modelos acadêmicos de seleção e de organização próprios. Algo que raramente coincide com as formas de complexidade nas quais o conhecimento aparece na vida ordinária das pessoas. Isso seria também causa de importantes disfuncionalidades na aprendizagem, assim como será exemplificado na sequência.

Em um estudo que fizemos em três ocasiões (2001, 2003 e 2006), em uma grande capital espanhola, com mais de mil estudantes de cada vez, verificamos que poucos deles sabiam resolver adequadamente o problema de ver o espaço que ficaria livre em seu quarto se colocassem aí uma cama com certas medidas, um armário com outras e ainda uma mesa com determinadas dimensões. Porém todos, ou quase todos, sabiam multiplicar, subtrair e calcular superfícies usando unidades decimais. Em outro estudo que fizemos durante quatro anos, com uma mesma amostragem de cerca de quinhentos alunos ao longo de sua escolaridade, dos 12 aos 16 anos, as tarefas que a escola propunha e os materiais a serem empregados etc. eram valorizados somente por uma porcentagem relativamente reduzida de tais alunos.

Esses dados podem ser um problema que concerne *aos jovens de hoje*, ou um indicador de que os modelos de trabalho propostos pela escola são insuficientes para a realidade que nossos jovens vivem. Nesse sentido, a proposta de orientar o trabalho formativo por meio de competências é uma resposta relevante para enfrentar tais problemas.

Pois bem, a introdução do modelo de aprendizagem por competências não resolve, por si mesma, esses problemas e tampouco o faz de modo rápido. Então, das diferentes acepções de competências, proponho adotar aquela que as considera como formas de

conhecimento que integram distintos componentes do conhecimento no *contexto da ação relativamente complexa*, em que a intuição,
o interesse, a lembrança, os procedimentos e o pensamento global
estão conjugados e são reforçados entre si. Para isso, é preciso empregar o conhecimento acadêmico-escolar (saber *o quê*), mas não
como finalidade, e sim como instrumento ou meio relevante para
enfrentar uma ação (saber *por quê*, saber *para quê* e saber *como*). Ou
seja, saber dar uma resposta adequada ao fato de "compreender
este texto", "resolver este problema", "enfrentar tal situação" etc.
Nesse sentido, o enfoque das competências está organizado em
torno de dois grandes objetivos: o da eficácia da formação por
meio de sua funcionalidade e o de sua democratização, porque a
finalidade formativa última é a ação do sujeito e não determinada
organização do conhecimento acadêmico.

Pelo contrário, a compreensão das competências como "apenas habilidades" ou "apenas procedimentos" é outra forma de
fragmentação do conhecimento que complica, em vez de ajudar
a resolver as coisas. O adestramento em habilidades e procedimentos deveria ser somente o último recurso formativo para alguém
quando todos os demais já tivessem falhado. Porém, obviamente,
não é essa a fórmula defendida nas páginas anteriores. Que os
alunos reconheçam o que fazem e se reconheçam no que fazem
são dois aspectos fundamentais da formação e a garantia de um
sucesso maior, conforme afirmava John Dewey há mais de cem
anos em textos como *Democracia e educação*.

Talvez a detecção de alguns problemas nos ajude a ver o que
estamos fazendo quando dizemos que trabalhamos "por competências". Os enunciados seguintes, quando são detectados na
prática, podem ser indicadores de uma aproximação do conceito

de "formação por meio de competências" muito distante do que eu quis transmitir ao longo do meu texto:

- os conhecimentos escolares correspondentes a cada nível formativo e o trabalho do aluno (bem como sua experiência de vida) não estão integrados nem são necessários ou se reforçam mutuamente;
- as competências são trabalhadas de modo fragmentário, em cada atividade, para cada fração de tempo, em vez de serem consideradas modalidades de conhecimento acrescido, integrado, mais ou menos reconhecível, ao final de um processo formativo (digamos de dois anos ou mais);
- se entendermos que essas fórmulas integradas de conhecimento servem somente para um setor da população escolar e não para todos;
- se pretendermos desenvolver esse modelo usando fórmulas metodológicas baseadas fundamentalmente no papel do professor e não nas ações dos alunos.

Maria Isabel: Em seu texto está presente a possibilidade de que a noção de desenvolvimento das competências como orientadora do ensino possa ser adotada individualmente, por grupos ou pela escola toda. Embora você explicite que a adoção da proposta pelo conjunto de professores de um mesmo ciclo ou escola permita alcançar um sentido maior no seu processo de implementação, pergunto como é possível prever a adoção individual dessa perspectiva psicopedagógica. Como pensar num trabalho pedagógico que tenha algum tipo de articulação coletiva, qualquer que seja ele, em que apenas um ou alguns dos professores participantes

EDUCAÇÃO E COMPETÊNCIAS: PONTOS E CONTRAPONTOS

estruture seu trabalho de modo substancialmente distinto dos demais? Uma mudança com tamanha profundidade e inúmeras implicações não precisa ser necessariamente discutida, compreendida e assumida coletivamente? Não precisa constituir o eixo organizador do projeto pedagógico da escola?

Joan: A orientação da aprendizagem por meio de competências não é um assunto circunstancial, algo de que se está falando agora e dentro de pouco tempo já não será relevante; nem algo que possa ser resolvido de maneira episódica. É uma opção que pode não ser adotada. Porém, se for feita, deverá ser realizada como algo estratégico na escola que a adote. Adotá-la em uma escola equivale a assumir essa opção como projeto para a ação (ou atuação) profissional.

Efetivamente, promover determinadas competências entre os alunos requer tripla ação formativa. Primeiramente, é preciso deliberar que competências serão selecionadas e por quê. Depois, propor seu desenvolvimento por meio de uma intervenção contínua no tempo e estendida a uma diversidade de experiências de aprendizagem. A partir daí, o trabalho realizado com alguns alunos será muito mais relevante, na medida em que:

- um professor, ou uma equipe de professores, considere tal formação como um objetivo estratégico, isto é, como algo relevante, a ser conseguido em relação a um mesmo grupo de alunos, em um período determinado e que articule diversas formas de formação e de conhecimentos, trabalhados durante todo o período;
- não se busquem resultados imediatos;

- não se tenha a pretensão de formar os alunos em função de listas de competências impossíveis de ser controladas ou trabalhadas adequadamente por um conjunto de professores;
- a formação em competências (por exemplo, cinco ou seis estratégicas para um período de vários anos) seja assumida por diferentes professores de um mesmo ciclo formativo, em uma mesma escola, de modo normalizado em seu trabalho docente. Claro que essa formação pode ser assumida por apenas um professor, porém o resultado para os alunos – embora potencialmente positivo – sempre será muito mais limitado e fragmentário.

Talvez seja oportuno fazer aqui uma reflexão acerca das linhas de progresso ou desenvolvimento do trabalho profissional docente, além da circunstância do que é atual ou do que está acontecendo agora. Nesse sentido, o trabalho coordenado dos professores com os alunos é uma das grandes vias para o desenvolvimento profissional e um dos aspectos que melhor explicam as diferenças qualitativas entre diferentes escolas com relação à aprendizagem dos alunos.

O problema da coordenação entre professores, portanto, é uma questão sempre relevante e uma necessidade sempre presente na formação dos jovens, em muitos países e à margem da orientação que tivermos dado à formação. Toda falta de coordenação costuma ser traduzida em graus de disfuncionalidade ou de ineficiência formativa, em fracasso, definitivamente, um custo que sempre acaba sendo transferido para certos grupos de alunos.

Maria Isabel: No Brasil, o trabalho desenvolvido pelos professores está muito intensificado e é realizado em condições materiais pouco adequadas em grande parte das escolas. Há sobrecarga nas horas dedicadas aos alunos e nas destinadas ao trabalho extraclasse. Como pensar a transição dos modos atuais de atuação, sedimentados pela cultura profissional, pelos fundamentos adquiridos na formação inicial e contínua e pela própria experiência profissional pessoal, para um novo modo de organização das práticas docentes?

Joan: Em função de não conhecer muito bem a realidade brasileira, minha resposta será um tanto quanto genérica, algo pelo que o leitor terá de me desculpar e, consequentemente, deverá saber transpô-la à sua própria realidade. De qualquer modo, o conceito de intensificação do trabalho tem a ver com a organização deste e com os efeitos com relação à motivação para o trabalho por parte dos que o sofrem. Porém, não está relacionado necessariamente com o conteúdo do trabalho em si, com a orientação dele, nesse caso com a proposta das competências.

Assim, os erros políticos e administrativos na aplicação de tal proposta devem ser separados do caráter dela, pois correspondem a ordens de coisas distintas, embora, para um profissional, cheguem de maneira relacionada. Por outro lado, também é certo que toda pressão percebida para aplicar algo que não se entende muito bem, nem em seu *porquê* nem em seu *para quê*, é vista também, pelos professores, como forma de intensificação de seu trabalho. Daí toda a vontade de divulgar esse modelo e traduzi-lo em prática profissional deve considerar alguns pressupostos cruciais, relativos às suas políticas de implementação.

Portanto, na implementação desse modelo, as políticas seguidas para isso (no plural, porque abarcam ou envolvem diversas agências e atores, passando pela direção dos centros e pelos próprios profissionais) são uma questão muito importante. Tais políticas, não importando o nível em que estejam, podem se tornar vias facilitadoras para o desenvolvimento de tal proposta, ou futuros e grandes obstáculos a esse propósito. Efetivamente, serão obstáculos:

- se as ações implementadas na sua introdução e no seu desenvolvimento não considerarem esse enfoque como um tema estratégico, se não envolverem, em termos de compreensão e de procedimentos, os distintos agentes que intervêm em seu desenvolvimento específico e se não considerarem as metodologias necessárias para que tal implementação tenha sucesso e seja estendida a todo o sistema;
- se tais políticas descuidarem da formação dos professores e do reconhecimento do que já é feito por muitos profissionais, embora eles não tenham consciência de que isso se encaixe no "enfoque por competências" ou não o tenham denominado assim;
- se tais políticas insistirem em seguir metodologias de implantação ineficientes, orientadas apenas de cima para baixo, sem facilitar a apropriação dessa proposta por parte dos professores, por meio da discussão e da elaboração de propostas, da facilitação de intercâmbios, sem assumir erros e sem orientar nos acertos. Não se deve esquecer que se aprende com base no que já se sabe.

Maria Isabel: Se os professores precisam se constituir como profissionais que tomam decisões, avaliam, selecionam e constroem sua forma de agir e interagir com seus alunos para qualificar o processo de ensino-aprendizagem, você acredita ser possível uma composição entre as práticas e saberes docentes consolidados e algumas proposições do ensino por competências? Cabe permitir-lhes abertura para combinar as experiências desenvolvidas por meio do ensino organizado com base nos conteúdos com ênfase na atividade dos alunos, propiciadora das habilidades e competências demandadas pela sociedade atual? Num esforço de reconhecimento da realidade vivida pelos professores, será possível pensarmos numa combinação de proposições que não os leve a "jogar no lixo" seu conhecimento e saber profissional? Se os professores precisam sustentar sua ação pedagógica em proposições que façam sentido e ofereçam sustentação ao seu trabalho, essa "bricolagem" poderia representar algum tipo de avanço na aprendizagem dos estudantes?

Joan: Conforme vimos, o fato de introduzir o modelo de competências como proposta de trabalho docente e fazê-lo de forma extensiva tem importantes conotações e também dificuldades: de ordem política, de ordem administrativa e de ordem prático-profissional, entre outras. Uma mudança cultural não é realizada nem espontaneamente nem em breve período de tempo.

Tampouco ocorre sem esforço dos profissionais envolvidos, sem algumas crises e sem contradições, pois de tal aplicação e desenvolvimento participa enorme massa de profissionais, cada um em um contexto específico, interpretando a seu modo o que lhe é oferecido e em função do que sabe. Porém, a notícia aí é que não há atalhos nem receitas milagrosas, do tipo "cola-competências", se me permitem a ironia fácil. A segunda notícia é que é um modelo, como todos, que continua sendo construído. Assim, por exemplo, alguns países europeus estão trabalhando nessa direção desde meados dos anos 1990. Tal constatação descartaria posições rígidas ou critérios burocráticos em seu desenvolvimento. E, pelo contrário, aceitaria orientações, aproximações, ensaios e erros, o reforço das ações conquistadas, a sua divulgação etc.

Também é certo que o modelo de competências se adapta melhor a certos contextos culturais, com uma escola fruto de uma sociedade em um estágio de desenvolvimento industrial e/ou de serviços. Em outros lugares, com tradições escolares de caráter mais administrativo ou burocrático, por exemplo, no valor dado aos programas escolares, aos planejamentos e aos controles ou avaliações, ou de menor tradição industrial, tudo isso pode aparecer como maior distanciamento da experiência dos profissionais da educação. Porém, isso não invalida o caráter relevante do modelo que comentamos.

Em qualquer caso, uma formação fundamentada em competências é mais funcional se ocorre em uma tradição educativa baseada na autoavaliação profissional e na relação entre a escola, os conhecimentos curriculares e a realidade do entorno dos alunos, assim como Paulo Freire já havia expressado quando o termo "competências" ainda era empregado somente na acepção de "formação para o trabalho manual".

PARTE III
Entre pontos e contrapontos

Joan Rué
Maria Isabel de Almeida
Valéria Amorim Arantes

A chamada "pedagogia das competências" constitui, em função de suas críticas e orientações, mais um elemento nessa seara de proposições pedagógicas. Já afirmamos no início desta discussão os riscos de que, escudados pela pertinente crítica ao ensino tradicional e à fragmentação disciplinar feita por vários dos seus propositores, acabemos por submeter a educação aos interesses do sistema produtivo. Por isso é significativo que se explicite o campo epistemológico no qual se aninham as bases dessa proposição que, por força das reformas educativas, ganha espaço em nossos processos formativos.

Porém, vale lembrar que o ensino por competências não é a única via de reposicionamento das relações de ensino-aprendizagem. Proposições como as de lançar mão da pesquisa no ambiente escolar ou de organização do ensino por projetos – propostas que têm pontos comuns em suas bases epistemológicas – permitem colocar o aluno diante dos problemas de estudo e levá-lo à busca dos conhecimentos, de modo que ele possa atribuir sentido, apropriar-se e desenvolver a capacidade de aplicá-lo.

Joan: A aproximação das diferentes literaturas e perspectivas sobre as competências foi e ainda é problema para muitos de nós, e levanta uma questão fundamental. Estamos diante de um conceito que traz consigo profunda transformação no enfoque do ensino e da aprendizagem, ou diante de uma nova ideia que, como em muitas outras ações de *marketing* educativo, tenta reformular o que já é conhecido para apresentá-lo como novidade? Em outras palavras, as competências são a revisão de velhas pedagogias ou uma coisa diferente, um olhar que promete mudanças na forma de compreender o ensino e a aprendizagem (E-A)?

Minha posição a esse respeito é clara. Se lembrarmos o que formulei anteriormente, veremos que há distintas maneiras de entender o E-A, mas que eu me comprometi com uma delas. Partindo dessa posição, digo que a noção de competência e seu desenvolvimento levam a outra forma de entendê-lo. De fato, a noção de competência está relacionada com o indivíduo como foco da ação formadora, ou seja, com a aprendizagem (*com quem* aprende, *o que* aprende, *como* e *por quê*).

Porém isso enfatiza o indivíduo, ou seja, a pessoa que aprende e a diversidade das formas de fazê-lo; o fato de aprender em si não surge realmente do debate entre pedagogias. Pelo contrário, vejo o surgimento desse conceito muito mais como um sintoma, como algo relacionado com a mudança cultural na qual o mundo está entrando. Formulando tudo isso de outra maneira, poderíamos nos perguntar se a noção de competência é um sintoma de tal mudança. Se isso for realmente um fato, qual é a verdadeira alavanca que impulsiona e dá sentido àquela noção?

As transformações culturais não são evidentes quando estão no início e tampouco são fruto de debates entre especialistas, mas sim consequência de movimentos de caráter social. No entanto, devemos reconhecer que os especialistas têm o dever de discutir, analisar e, especialmente, fazer propostas relevantes a respeito.

De fato, as transformações pedagógicas e culturais mais profundas no campo da educação não são desencadeadas pelas ciências que lhe são próprias, como a psicologia, a sociologia, a pedagogia etc., mas pelo seu exterior: pelos comportamentos sociais, a organização do trabalho, a nova definição de seus tempos e espaços, a lógica de como os processos produtivos são reorganizados e o próprio sistema produtivo – cada vez

EDUCAÇÃO E COMPETÊNCIAS: PONTOS E CONTRAPONTOS

mais globalizado –, além das características que o definem. Em síntese, se a noção de competência agora está se expandindo, é porque faz todo o sentido na transformação socioprodutiva que acontece no mundo atual.

Assim, por exemplo, por que teria surgido John Dewey nos Estados Unidos já há mais de cem anos? Que potencial de expansão e desenvolvimento teriam as ideias pragmáticas do grande pedagogo norte-americano se tivessem sido formuladas no declínio do Império Austro-Húngaro, no Brasil da "política do café com leite" entre São Paulo e Minas Gerais, ou na Espanha que deplorava a perda das colônias americanas? Lamentavelmente, nenhum. Por que depois da Primeira Guerra Mundial (1914-1918) houve uma explosão de ideias pedagógicas na Europa? Por que mais tarde o behaviorismo também foi uma filosofia pedagógica nos EUA dos anos da Guerra Fria e o legado de John Dewey foi abandonado? O que tento explicar é que, embora haja pensadores, pesquisadores, adiantados em relação ao seu tempo, ou seja, autores de vanguarda, como Lev S.Vygotsky, Jerome Bruner, Paulo Freire e tantos outros, a pedagogia entendida como expressão de um conhecimento extenso e compartilhado, como expressão de uma prática profissional em um lugar e em um tempo determinados, nunca é vanguardista.

Tomemos como exemplo o caso da desistência escolar na Espanha nos últimos 25 anos. No início dos anos 1980, foi diagnosticado que o rendimento educacional era baixo com relação ao dos países do Norte da Europa e que esses resultados eram uma desvantagem para a modernização e o desenvolvimento do país. A consequência dessa análise foi o prolongamento da escolaridade obrigatória até os 16 anos e a unificação em um currículo

VALÉRIA AMORIM ARANTES (ORG.)

comum do que antes eram dois, um de caráter acadêmico e outro profissionalizante de baixo nível.

Antes da reforma escolar, cerca de 30% dos jovens estavam fora do sistema educacional. Eles não se escolarizavam nem no Ensino Médio nem na formação profissional. No entanto, com a entrada em vigor da lei[1] que unificava o sistema educacional até os 16 anos, a porcentagem de desistência escolar continuou constante, algo superior a 30%, apesar do enorme crescimento que a Espanha registrou nesse período. Por que essa porcentagem de (auto)exclusão da formação persistiu?

Talvez a resposta esteja relacionada, por um lado, com o tipo de escola que desenvolvemos no século XX, por sua relativa funcionalidade com o modelo produtivo, agora em profunda crise, e, por outro, com seu próprio funcionamento. Um modelo de escola que, inclusive quando definiu sua vocação de ensino universal e obrigatório, deixou um terço da população abaixo dos limites considerados politicamente mínimos.

Esse modelo escolar desenvolveu de modo dominante algumas pautas de transmissão cultural entendidas com base em alguns códigos que não eram exatamente universais. Isto é, foi um paradigma pensado fundamentalmente para os alunos com maior "capital cultural" – uma expressão do sociólogo Pierre Bourdieu. E tudo isso aconteceu com a cumplicidade implícita de um sistema produtivo que absorve os excluídos do sistema educacional, por meio de trabalho precário e salários reduzidos. Paradoxalmente, o que não resolvemos em 25 anos está sendo proposto há menos de

---

1. Lei Orgânica Geral do Sistema Educacional (Logse), de 3 de outubro de 1990 – Espanha.

EDUCAÇÃO E COMPETÊNCIAS: PONTOS E CONTRAPONTOS

um ano, quando esse segundo elemento do binômio comentado entrou em crise[2].

Nos últimos vinte anos aprendemos muitas coisas. Entre elas, que o desenvolvimento social e político, além da sustentabilidade das sociedades e mesmo do planeta, se fundamenta no desenvolvimento pessoal dos indivíduos, de todos eles. Um tipo de desenvolvimento que nasce do que sabem fazer e do que podem fazer. Isso é aprendido em uma escola que deve ensinar as pessoas a tirar de si mesmas todas as suas possibilidades, porque sabe que não tem tantas respostas como parecia possuir a escola do século XX. Também aprendemos que a escolarização universal encerra um paradoxo que ainda não sabemos resolver. Educar todos não significa tratá-los sob a regra da igualdade, tampouco sob critérios de diferenciação entre pessoas e grupos, mas sob novos princípios, como os da equidade e da diversidade.

Aprendemos, ainda, que o paradigma de formação que separa teoria e prática é um modelo focado principalmente na transmissão. Na prática, ele se torna ineficiente em razão da exclusão que gera e do tipo de aprendizagem pouco significativa que desenvolve.

---

2. Os elementos do binômio são a escolarização definida como universal e suas modalidades, que não são exatamente universais quanto à possibilidade de ganhos para todos os alunos, o que se evidencia pelas taxas de exclusão ou abandono escolar. Nas sociedades europeias, e particularmente na Espanha, o que entra em crise no novo modelo produtivo e acentua a contradição é o fato de os alunos com níveis inferiores e os excluídos do sistema educacional não terem as mesmas possibilidades de acesso ao trabalho que os outros, ou seja, não serem absorvidos tão facilmente pelo sistema produtivo, uma vez que as modalidades de produção cada vez mais avançadas, assim como as novas especializações, exigem trabalhadores com melhor formação.

Os desafios da formação no século XXI convidam a repensar alguns aspectos importantes: as seleções escolares do conhecimento, concebidas para ser empregadas no futuro; os modos mais efetivos de transmissão do conhecimento; o papel do sujeito na aprendizagem; aumentar a diversificação de opções formativas, pois nem todos podem aprender o mesmo do mesmo modo; contemplar a diversificação de saídas possíveis; considerar a formação ao longo da vida como estratégica, o que significa ensinar a "aprender a aprender".

A consequência de toda essa lógica é a integração de conhecimentos e a fundamentação da aprendizagem nos próprios sujeitos, nas suas formas de pensar e de ser, na cooperação com a própria aprendizagem, em ver o fato de aprender não como um requisito externo, mas como um imperativo pessoal, como um processo que leva ao sujeito um ponto de vista significativo sobre o que o cerca.

A escola, além do mais, não é um sistema autônomo. Por isso, não pode ignorar as tecnologias da informação e da comunicação (TICs) e tudo que elas representam; tampouco pode ignorar as novas profissões emergentes e suas características, as novas modalidades do exercício do profissionalismo ou o abandono progressivo da formação inicial como única etapa formativa na vida. A noção de formação ao longo da vida está se transformando em um conceito fundamental que já exerce impacto na educação, tanto básica quanto média e universitária, nos países mais avançados.

Em síntese, vejo o conceito de "competências" ao mesmo tempo como fruto de transformações profundas e portador de uma transformação epistemológica, ou paradigmática, do modo como ainda hoje entendemos, de maneira ampla, os atos de ensinar e de aprender.

Valéria: Na esteira dos confrontos criados entre a escola "tradicional" e a escola "ativa", o descrédito da aprendizagem baseada na mera reprodução, bem como a valorização da aprendizagem baseada na compreensão, acabou por promover uma falsa dicotomia entre conhecimentos e competências. Apesar de vocês já terem debatido essa questão, penso que seria de grande valia aprofundá-la, analisando até que ponto o ensino por competências nega os conhecimentos ou os relega a segundo plano. Afinal, é possível aprender determinada competência sem dispor de conhecimentos? E quanto aos conhecimentos que não apresentam e/ou nos quais não identificamos relações estritas com aquelas competências vislumbradas pela instituição escolar?

Maria Isabel: Acredito que, além do confronto existente entre os defensores da escola "tradicional" e os da escola "ativa", há também um embate entre as distintas leituras dos que se colocam no campo da crítica à escola e seus modos de ensinar. Foi isso que busquei discutir na primeira parte deste livro, ao problematizar o esforço de importar o conceito de "competências" da esfera produtiva, gerida pelos interesses do poder econômico, e trazê-lo para o campo educacional, promovendo-o à condição de eixo articulador de uma proposta pedagógica que, a depender de suas perspectivas teóricas, corre o risco de formar de modo adequado apenas aos determinantes das necessidades econômicas.

Hoje o conhecimento se faz presente nas atividades escolares por meio das disciplinas, aspecto que vem sendo bastante discutido. Nesse contexto é importante lembrar que o território das disciplinas escolares não é neutro e que elas são fruto de um processo de seleção cultural da escola, que recebe em cada época a sinalização do que deve ser ensinado. É nesse embate que algumas disciplinas perdem legitimidade no currículo, enquanto outras ganham – ou voltam a ganhar – espaço. São exemplo dessa disputa por legitimidade o ensino da informática, que vem ganhando relevância no cotidiano escolar, e também o que ocorre com o ensino da filosofia e da sociologia, disciplinas banidas da escola básica no período da ditadura militar e que só agora voltam a ocupar espaço no currículo.

Além dessa disputa político-ideológica a respeito dos conhecimentos a serem ensinados, ao longo da trajetória da escola contemporânea os conteúdos disciplinares acabaram sendo tratados de modo fragmentado e desarticulado, tanto dos contextos mais amplos como dos vividos pelos alunos. Esse movimento é simultâneo à "crise da escola", em que o fracasso na aprendizagem vivido por um grande contingente de alunos tem gerado os mais justificados e variados questionamentos.

Será que a causa dessa crise e de seus efeitos negativos está centralmente localizada na abordagem dos conhecimentos feita de maneira disciplinar? Será que a solução reside em outros modos de organização do ensino, por exemplo a substituição das disciplinas por um rol de competências a serem desenvolvidas? Nesse caso, onde se apoiarão as ações docentes quando precisarem tratar dos conteúdos de ensino? E com que bases de conhecimento os professores serão formados?

Essas são perguntas pertinentes, que se fazem presentes nas escolas, nos espaços de formação de professores ou mesmo em espaços sociais mais amplos. O trabalho da escola é ordenado em disciplinas distintas, que cumprem o papel de organizar e estru-

EDUCAÇÃO E COMPETÊNCIAS: PONTOS E CONTRAPONTOS

turar o conhecimento a ser trabalhado em cada nível de ensino. Também são os campos disciplinares que constituem as bases de formação dos professores – até mesmo na formação dos professores generalistas, que ensinam nos anos iniciais da escolarização das crianças, os conteúdos disciplinares estão presentes. Portanto, diante das condições atuais de organização do universo acadêmico e da escola básica, como desenvolver o ensino prescindindo dos conteúdos disciplinares?

Considero que no trabalho com os conhecimentos realizado na escola é perniciosa a fragmentação e a descontextualização, assim como são perniciosas as abordagens cientificistas e qualquer tratamento pedagógico que leve a fazer dos conteúdos estudados um fim em si mesmo. Critico também as visões espontaneístas, que buscam fazer da escola apenas espaço de conhecimento dos interesses ou da realidade imediata dos alunos.

Entendo que o conhecimento socialmente construído é a base da atuação da escola e que as disciplinas são o lócus de sua organização. Elas carecem de abordagem pedagógica capaz de permitir aos estudantes a real apropriação dos conhecimentos. Nessa abordagem é imprescindível a articulação entre os vários campos disciplinares por meio de ações integradoras, como as que são possíveis por meio da interdisciplinaridade ou de projetos articuladores do ensino, capazes de propiciar articulações mais ricas e interessantes entre os conteúdos escolares. Igualmente imprescindível é a capacidade de realizar a seleção dos conteúdos relevantes ao projeto pedagógico em desenvolvimento na escola e de dar conta da contextualização dos conhecimentos, de modo que os alunos possam articulá-los à sua rede de saberes e à realidade social. Importante também é a base cultural dos professores, uma vez que eles estão envolvidos diretamente na inserção dos alunos no universo da cultura e constituem referência no âmbito dos valores, das posturas, das atitudes.

Portanto, quer o ensino seja organizado de modo disciplinar, quer de forma interdisciplinar, por meio de projetos, da resolução de problemas, pelo desenvolvimento das competências ou de qualquer outro modo, entendo que o conhecimento é imprescindível para que a escola garanta o acesso ao instrumental fundamental para a construção da cidadania, da inserção no trabalho e da participação no mundo.

Joan: Dois enfoques se opõem muito frequentemente no tratamento da educação, não importando qual seja o problema abordado, por exemplo a organização educacional, o currículo e seu desenvolvimento, ou os próprios processos de ensino e aprendizagem. São, respectivamente, o enfoque baseado na *racionalidade técnica*[3] e o enfoque baseado nas noções de *complexidade e práxis*[4].

O primeiro enfoque postula que a complexidade pode decompor por fatores ou segmentos mais simples, isolados entre si. O resultado de trabalhar nesses elementos de *simplicidade organizada* dará margem à complexidade programada. Pensem na fabricação de um automóvel. Essa lógica impregnou a organização da escola ao longo do século XX. Ela foi denominada "fordista", devido à fábrica de automóveis Ford, que aplicou tal princípio na mon-

---

3. Schön, D. *El profesional reflexivo: cómo piensan los profesionales cuando actúan*. Barcelona: Paidós, 1998.

4. Rué, J. *O que ensinar e por quê: elaboração e desenvolvimento de projetos de formação*. Teorias & Tendências. Educação em Pauta. São Paulo: Moderna, 2003.

tagem em cadeia dos seus veículos; ou "taylorista", por Taylor, o engenheiro que desenvolveu a ideia desse sistema de produção industrial para Henry Ford.

Na escola, tal enfoque deu origem a diversos tipos de organização de natureza fragmentária. No currículo, por exemplo, gerou a consideração das diversas disciplinas como parcelas relativamente impermeáveis umas das outras; os temários e as lições organizadas sequencialmente dentro deles; a separação da teoria da prática nas aprendizagens; as avaliações padronizadas e vistas como um momento à parte da aprendizagem (*avaliação somativa final*) e não como algo intrinsecamente relacionado com ela (*avaliação formativa, reguladora*).

Diante dessa visão, sempre existiu, vinculada a modelos educativos alternativos, a lógica da *complexidade organizada*, ou seja, modalidades para aprender organizadas ou articuladas por meio de casos ou situações que os alunos são capazes de enfrentar. Quer seja por meio de problemas, relacionando saberes diversos e aplicando-os com base em determinados parâmetros contextuais, quer seja pela ação indagadora do sujeito (escola ativa), de projetos etc. Partindo dessa lógica, a separação em dado contexto entre *razão* (isto é, os conhecimentos empregados para determinada finalidade consciente) e *ação* não tem sentido. O desenvolvimento das competências, portanto, é resultado de determinada conjunção de conhecimentos, de diferentes significados, em certo problema ou situação de vida, reconhecida como tal pelo aluno.

Então, para desenvolver um problema, um caso ou um projeto, de acordo com a opinião dos professores, pode ser indispensável, antes de abordá-los diretamente, trabalhar algumas técnicas ou conhecimentos específicos. Porém, no decorrer do processo de aprendizagem, ambos os recursos devem coincidir em "algo", na *ação* que o próprio sujeito desenvolve. Imaginemos, nesse sentido, que alguém deseja promover entre os seus alunos o sentido (entendido como competência) de "estimativa", uma espécie de intuição hipotética desenvolvida pelos especialistas. É possível trabalhar a estimativa de distâncias, alturas, pesos, volumes, sons, forças etc. Mas antes, ou enquanto isso, é preciso consolidar as unidades métricas decimais, ao mesmo tempo que os procedimentos para validar com precisão as estimativas intuitivas.

Se isso não acontecer, será uma indicação, um sinal de atenção para a presença de dois fenômenos. Primeiro, de que se está trabalhando considerando a competência uma ação de nível cognitivo baixo ou nulo; e, segundo, de que os professores estão planejando o desenvolvimento das competências de uma lógica taylorista e não da lógica da complexidade da aprendizagem.

Valéria: Partindo do pressuposto de que a ação competente geralmente é realizada diante de uma situação "nova" ou "desconhecida" (e frequentemente não escolar), uma questão se impõe: como elaborar instrumentos de avaliação que aproximem o aluno de seus problemas reais e diários? Para engrossar o caldo das discussões sobre avaliação de competências, trago o conceito de aprendizagem baseada em problemas (ABP), já que essa abordagem assume problematizações concretas e situações reais como ponto de partida para o processo de ensino e aprendizagem. O que lhes parece essa ideia? Como vocês veem a aproximação entre os dois conceitos: ensino por competências e aprendizagem baseada em problemas?

Maria Isabel: Toda a discussão até aqui desenvolvida está centrada na importância de que a escola propicie aos seus alunos um tipo de ensino em que eles sejam ativos e críticos no processo de aprendizagem, capazes de se apropriar dos conhecimentos estudados, que precisam estar em conexão com a realidade. Considero que mudanças como essa devem estar necessariamente aninhadas no âmbito do projeto pedagógico orientador da escola, pois requerem o redirecionamento de toda a sua gestão, da organização do currículo, das atividades de ensino, das relações interpessoais e, logicamente, da avaliação.

Nesse cenário, a avaliação precisa ser progressiva, de modo que os professores tenham percepção de como os alunos avançam no domínio dos conhecimentos, das habilidades e das atitudes esperadas. Os conteúdos são recursos para que os alunos se desenvolvam, e a avaliação coloca-se a serviço desse propósito, sinalizando quanto, quando e para onde a rota deve ser corrigida, para que se chegue à realização dos propósitos da escola. Os recursos a serviço dessa avaliação são inúmeros e podem contemplar desde provas escritas feitas individualmente ou em grupo e provas orais, ou então outras possibilidades de produção e manifestação dos alunos por meio da realização de atividades de pesquisa em aula ou extraclasse, a expressão plástica ou dramática, a criação artística nos mais variados campos. Estimular a produção e a criação individual e coletiva é também razão de ser dos processos avaliativos – afinal, muito se pode também aprender com a avaliação.

Quanto às relações possíveis entre o ensino por competências e a aprendizagem baseada em problemas, penso que ambos partem da crítica ao ensino meramente informativo e apoiado na pedagogia tradicional, colocam o foco no aluno ao longo do processo ensino-

VALÉRIA AMORIM ARANTES (ORG.)

-aprendizagem e sustentam-se na perspectiva de que ele tenha uma atitude ativa na busca do conhecimento. Consideram que os conteúdos escolares podem ser tratados com base em alguns fios condutores capazes de propiciar as relações com o meio, e que esses fios são também responsáveis pelas articulações entre os distintos campos em estudo. Embora tais propostas pedagógicas possuam alguns pontos em comum, são dois caminhos metodológicos com bases teóricas distintas e que levam a percursos formativos diferentes.

Joan: Continuando a empregar a noção de ensinar por meio da lógica da *complexidade organizada*, a formação por meio de competências pode ser feita de distintas maneiras. Como estratégia para uma etapa formativa, para uma série, uma disciplina, um grupo de temas, ou para certos propósitos mais específicos dentro de uma disciplina ou série (por exemplo, "que os alunos saibam raciocinar com precisão"). Formar em competências, como em outras modalidades de ensino, depende, em última instância, do que pretendemos fazer, de como compreendemos, de como podemos fazê-lo, de como sabemos fazê-lo, do tempo disponível etc.

Para isso, não é necessário procurar temas à margem dos conhecimentos próprios do currículo escolar. É preciso "apenas" dar tratamento específico a eles. Para ensinar a *raciocinar com precisão*, por exemplo, deve-se ensinar os alunos a levantar argumentos, a mostrar evidências, a buscar os melhores argumentos, a justificar dados, a saber explicar e a se explicar com economia, a empregar técnicas mais precisas, a conhecer o valor de ser preciso etc.

Portanto, a ABP é uma das estratégias possíveis de aprendizagem para o desenvolvimento de competências nas pessoas que aprendem.

Uma questão importante é o controle e a avaliação dos aprendizados. Embora este não seja o momento para me estender a respeito, o enfoque por competências traz consigo duas ideias relativas à avaliação que a ampliam, enriquecem e transformam em um processo muito relevante. Refiro-me à noção de *avaliação formadora*, centrada e desenvolvida no próprio processo de aprendizagem, e à de *autoavaliação*, como fórmula para que o próprio aluno saiba exercer controle sobre sua aprendizagem e sobre o modo de colocá-la em prática.

Valéria: Para esta última questão, gostaria que vocês discorressem sobre a formação de professores. Admitindo que o ensino disciplinar (sob o qual a formação docente está estruturada) é inapropriado ou insuficiente para o desenvolvimento das competências, que tipo de mudanças poderiam ser introduzidas nos cursos de formação de professores a fim de prepará-los para a promoção do ensino daquelas competências que não estão ancoradas em nenhuma disciplina "científica"?

Maria Isabel: Entendo que a formação dos professores necessita ser urgentemente revista. A aproximação dos processos formativos com a realidade presente nas escolas é essencial para que os futuros professores se preparem para lidar com os alunos reais, contextualizados socialmente. Por isso não pode ser pensada apenas enquanto processo inicial de formação, como se fosse possível preparar os professores para responder eficientemente, ao logo de uma carreira que dura cerca de três décadas, às mudanças sociais, às novas propostas pedagógicas, aos alunos que modificam suas demandas velozmente. A formação se faz necessária ao longo de toda a carreira docente.

É durante a formação inicial que os futuros professores desenvolvem o domínio dos conteúdos de sua área científica já de uma perspectiva de articulação desses conhecimentos com as demais áreas científicas e também com a vida social. É esse também o momento de se apropriar das teorias sobre a educação escolar, a dinâmica da escola e do sistema de ensino, a aprendizagem e sua avaliação, o trabalho docente. A docência requer formação sólida e capaz de oferecer bases teóricas e referenciais práticos que permitam aos professores enfrentar a profissão em todos os seus desafios. É nessa fase que eles deverão se preparar para lidar com os conteúdos de maneira integrada, compreender a importância de implementar novos modos de ensinar e aprender, aprender a lidar com diversos materiais e contextos de ensino, pois afinal dependerá em grande parte deles que na sala de aula novos papéis sejam desempenhados por todos os envolvidos.

Após formados, os professores iniciam a vida profissional, e é no enfrentamento das questões presentes no cotidiano que eles vão desenvolvendo seu profissionalismo, o que em outras palavras significa que eles vão ampliando a capacidade para conceber e implementar novas alternativas de trabalho, já que os problemas sociais se refletem no exercício profissional, cobram respostas no plano da ação prática e exigem flexibilidade e capacidade para atuar em contextos imprevisíveis. É dessa maneira que os professores se constituem como sujeitos de sua própria história profissional.

A formação contínua, que toma a prática escolar realizada como referência, é essencial para o desenvolvimento do profissionalismo, pois abre a possibilidade de os professores reverem criticamente suas ações com base nas teorias, permite a aproximação

EDUCAÇÃO E COMPETÊNCIAS: PONTOS E CONTRAPONTOS

entre teoria e prática, facilita a descoberta de novas possibilidades para o trabalho pedagógico.

No entanto, a qualidade do atendimento educacional não depende apenas dos professores e de sua formação. As condições político-institucionais que permeiam a ação docente têm grande peso na configuração do efetivo ato de ensinar e na construção das representações sobre o mundo profissional. Para que a escola cumpra o seu papel, são relevantes algumas condições institucionais, como a estabilidade ao conjunto da equipe para que possa amadurecer um projeto de trabalho, avaliar as experiências, realizar uma real formação em serviço, crescer coletivamente; a existência de profissionais qualificados para enfrentar as dificuldades na aprendizagem de um número significativo de alunos e para substituir os professores ausentes ou em licença; o número adequado de alunos por sala, de modo que os professores possam dar atendimento diferenciado aos que precisam de mais atenção para desenvolver a aprendizagem; o reconhecimento financeiro e social do trabalho realizado, de modo que os professores não precisem assumir dupla ou até mesmo tripla jornada de trabalho.

É da combinação de esforços no campo da formação de professores e da organização das escolas e da profissão docente que podem surgir respostas pedagógicas inovadoras. É essa a via para ampliar a capacidade coletiva de produzir e lidar com o novo, tenha ele o formato de um projeto pedagógico sustentado no desenvolvimento de competências, de uma proposta que busque a aproximação da escola com a comunidade por meio de ações culturais ou esportivas, ou qualquer outra característica.

Joan: Qualquer disciplina possui enorme potencial para o desenvolvimento das competências humanas. Do mesmo modo que qualquer competência pode ter como apoio alguma das disciplinas do currículo.

Mas é certo que a organização do ensino de acordo com a lógica taylorista ou fordista, ou seja, baseada na racionalidade técnica, atribui a cada disciplina alguns objetivos de formação específicos, pensados com base na apropriação do conteúdo. Também é certo que responde às suas próprias exigências epistemológicas e que numerosos aspectos importantes da formação deixam de ser atendidos por falta de atribuição de responsáveis.

No entanto, em toda formação há aspectos comuns a todas as disciplinas, porque o ser humano é uno e indivisível. O problema é que da óptica "fordista" supõe-se de modo muito arriscado que cada aluno será capaz de integrar por si mesmo aquilo que lhe é apresentado separadamente.

Contudo, quando se trata de aprender a pensar, analisar, compreender fenômenos, desenvolver a empatia, considerar o ponto de vista dos outros e trabalhar com eles, ser sistemático, organizar recursos, materiais, tempo, espaço, ser constante, saber superar a frustração etc., como é possível ensinar tudo isso nas escolas e nas instituições formativas sem contar com as disciplinas? Por outro lado, como desenvolver isso com base em uma lógica que compartimentaliza as disciplinas? Como fazê-lo de maneira eficiente, segregando tempo, responsabilidade e controle?

Existe um princípio formativo que é preciso considerar aqui: o princípio do isomorfismo. Trata-se de formar, por meio de determinadas modalidades que incorporem no próprio desenvolvimento a mensagem central que desejamos para aquela formação.

Ou seja, trata-se de formar, por meio de competências, os formadores que desejamos que desenvolvam o enfoque por competências entre os alunos. Ou de formar os futuros docentes com base em problemas, casos etc., para que eles vivam a experiência de saber enfrentar os problemas e aprendam os passos necessários à própria vivência. Ensinar os futuros docentes, integrando pontos de vista, coordenando ações, para que realizem experiências de coordenação, de cooperação na aprendizagem, e para que reflitam e aprendam com elas.

Saber e saber fazer estão unidos de maneira especial em uma ação, em um saber profissional. O melhor especialista em qualquer disciplina nunca será bom professor se não souber fazer que os alunos trabalhem proveitosamente uma hora inteira naquilo que ele lhes propõe. Portanto, a formação dos docentes será mais eficaz e relevante à medida que suas modalidades de trabalho estejam impregnadas da mesma natureza daquilo que se espera da sua conduta docente, no seu futuro profissional.

IMPRESSO NA
sumago gráfica editorial ltda
rua itauna, 789 vila maria
02111-031 são paulo sp
telefax 11 **2955 5636**
sumago@terra.com.br